김희주

서울이 아니라면 나는 무엇을 할 수 있을까

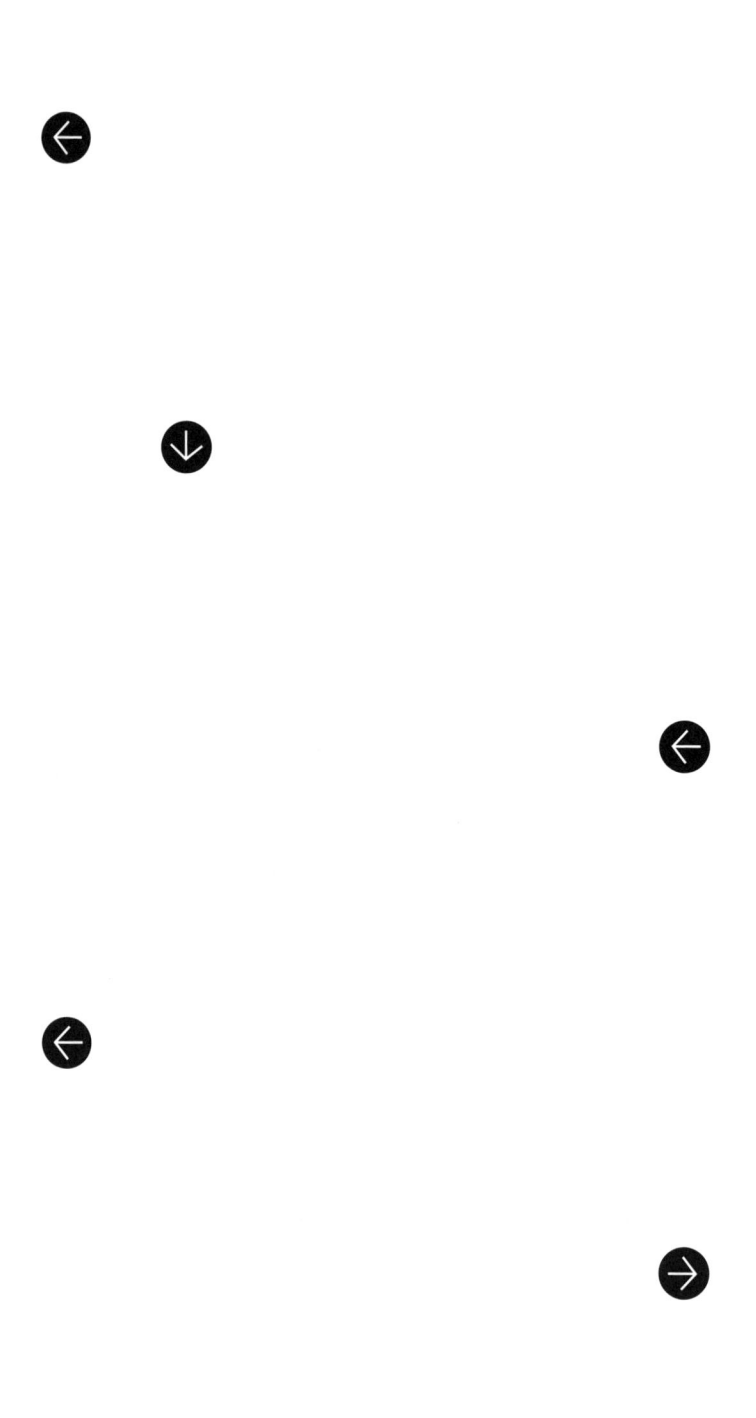

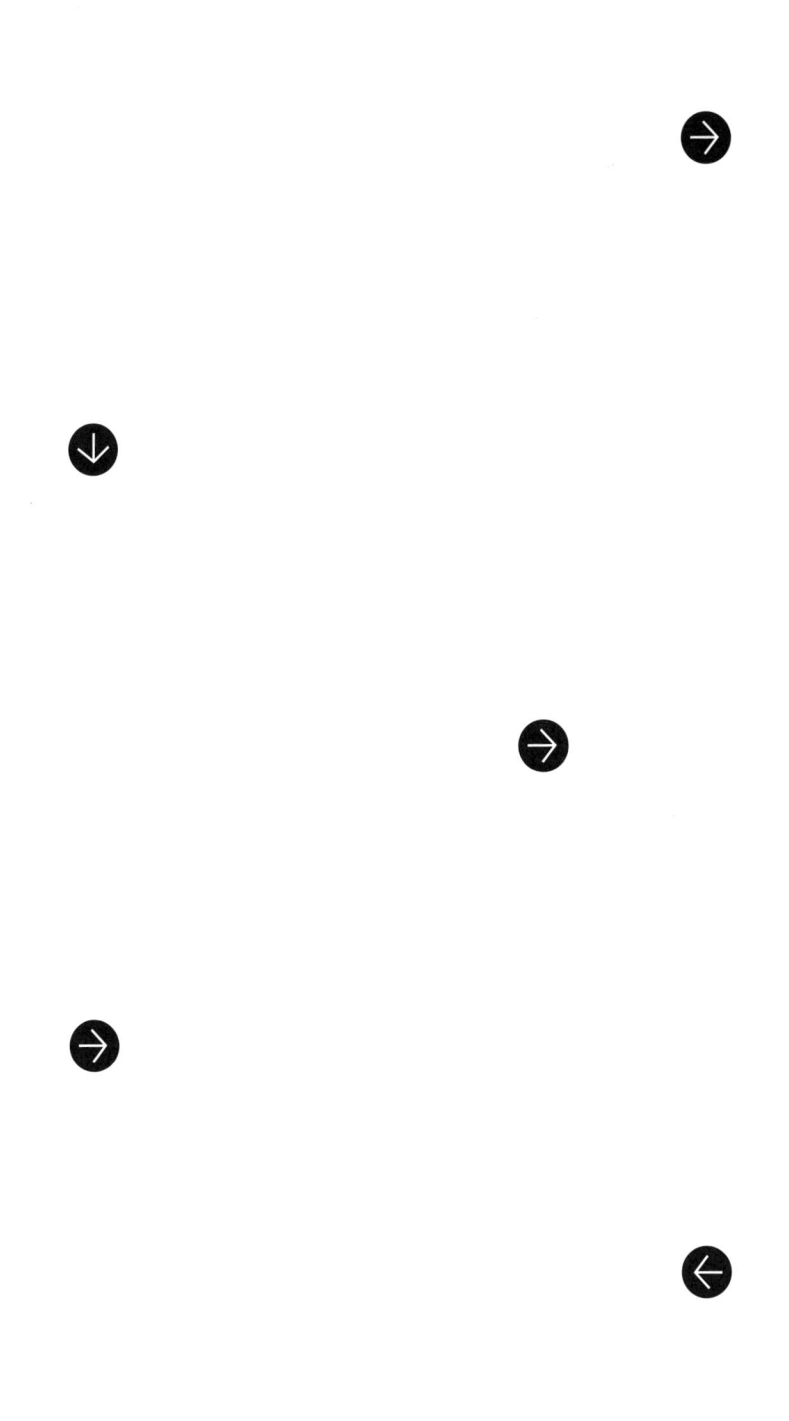

프롤로그

서퍼도 농부도 아니다. 그런데 동해를 접한 시골인 강원도 양양에서 살기 시작한 지 3년째이다. 그전에는 서울에서 18년을 살았다. 일본 도쿄에서도 1년을 살았다. 서울에서 살기 전에는 경상도에서 태어나서 자랐다.

    서울에는 엄청나게 많은 사람이 산다. 당연히 그들 중에는 서울이 아닌 곳에서 살고 싶어하는 사람도 있다. 그 어딘가가 뉴욕일 수도, 바하마일 수도, 제주도일 수도, 부산일 수도 있다. 고향으로 돌아가고 싶어하는 사람도 많다. 내게 그 어딘가는 도쿄였고 제주도였다. 아주 가끔은 고향이기도 했다. 그런데 정작 서울이 아닌 곳으로 내가 고른 곳은 양양이었다.

깊은 고민의 결과가 아니었다. 커다란 포부나 계획을 갖고 선택한 것도 아니었다. 계속해서 서울에서 살려면 얼마든지 살 수 있을 만큼 익숙해진 시점이었다. 딱히 전원생활을 꿈꾸지도 않았다. 지금도 읍내의 아파트에 산다. 작은 텃밭 하나도 일구지 않는다. 일을 하지 않아도 먹고살 수 있을 만큼 경제적으로 여유가 있는 것도 아니다. 모아 놓은 재산도, 물려받을 재산도 없어 남은 생애 내내 스스로를 먹여 살려야 하는 삶이다. 그런데 서울에서의 모든 경력이 무용지물이 되는, 인구 3만이 안 되는 군에서 살고 있다.

서울이 아닌 곳에서 사는 것이 특별한 일은 아니다. 그런데 서울이 아닌 곳에서 살기를 욕망하는 사람이 많다. 나도 그랬다. 양양에서 살면서 서울이 아닌 곳에서 사는 게 특별한 일은 아니지만 어려운 일이기는 하다는 걸 깨달았다.

이곳에는 없는 게 많다. 집 앞까지 연결되는 촘촘한 지하철 연결망, 5~10분에 한 번씩 오는 수많은 버스, 쉴 틈 없이 상영작을 쏟아내는 멀티플렉스 극장, 입맛대로 매 끼니 다른 메뉴로 골라 먹을 수 있는 수많은 배달 음식점, 늦은 밤에 주문해도 새벽 배송을 해주는 신선식품도 없다. 무엇보다 농사를 짓거나 공무원이 되는 게 아니라면 하고 싶은 일도, 할 수 있는 일도 좀처럼 찾기 어렵다. 그것이 서울이 아닌 곳에서의 삶이다. 그래도 그곳에 사는 사람이 있고, 그들의 삶이 있다. 내가 바로 그 사람이다.

오랫동안 글을 읽고 썼다. 대학을 졸업하고 기자가 되었다. 매일 글을 썼다. 마케팅 기획자로 일하면서도 글을 썼다. 늦게 진학한 대학원에서 석사 논문까지 썼다. 그것도 '글쓰기 노동자'를 주제로. 남들처럼 블로그에도 쓰고 트위터에도 썼다. 그리고 이렇게 첫 책을 쓴다. 많은 글을 쓰고 읽은 만큼 내 글이 책으로 엮일만한가에 대해 스스로를 의심하고 설득하는 시간이 힘들었다. 너무 평범한 사람이라, 이 덤덤한 일상을 에세이로 써도 되는 건가 계속 자문했다. 결국 글쓰기가 나를 지지했던 순간들을 떠올리며 끝까지 썼다.

20년 가까이 살던 서울을 떠나 양양으로 가겠다고 결정하고 나서 많은 글을 썼다. 앉은 자리에서 집을 샀을 만큼 결정은 순식간에 했지만, 그 후 고민은 오랫동안 했다. 내가 나를 이해시키고 설득하고 격려하기 위해 글쓰기가 필요했다. 그 흔적들이 누군가에게 의미가 있기를 바라는 마음을 담았다.

이런 사람도 '덜컥' 선택할 수 있다는 이야기를 하고 싶었다. 그러니 당신도 혹시 서울이 아닌 곳을 꿈꾸고 있다면, 딱딱하게 굳은 어깨를 한 번 펴고 고개를 들어 원하는 곳을 둘러보시라고 말하고 싶다.

Part 1

서울이 아닌 곳에서 살기로 했습니다

1.	충동적으로 집을 사다	13
2.	서울이 아니라면, 무엇을 할 것인가?	23
3.	「땐뽀걸즈」, '지방'에서 살아간다는 것	31
4.	쓸데없이 찬란한	37
5.	낯선 도시, 서울	45
6.	살고 싶은 곳에서 일하기 vs. 일하고 싶은 곳에서 살기	51
7.	서울이 아닌 곳에서 지금처럼 일할 수 있을까	57
8.	이력서가 지저분한 글쓰기 노동자	65
9.	상상에도 토대가 필요하다	73
10.	가볍고 산뜻한 사람	83

Part 2

양양에서 살고 있습니다

1.	또 새로운 명함을 만들다	93
2.	남편은 공방 육아 중	99
3.	양양에서 일하고 있다	105
4.	낙산사 있는 곳이 양양인 줄도 몰랐지만	113
5.	『모노클』에 소개되다	119
6.	이렇게 살아도 된다	127
7.	공방이 있었는데, 없습니다	135
8.	시골에서 겨울나기 쉽지 않다	143
9.	또, 초보운전	149
10.	코로나 시대의 시골 제조업 자영업자	155
11.	그냥 사라지는 것은 없다	163
12.	도시재생, 내가 양양을 사랑하는 방식	171
13.	좋은 아침이에요!	181

37°34'01"N 127°10'34"E

Part 1

서울이 아닌 곳에서 살기로 했습니다

충동적으로 집을 사다

"여기 연고가 있으세요?"
"양양에 어떻게 오셨어요?"

양양에 오기 전 서울에 오랫동안 살았다는 이야기를 하면 대부분 묻는 말이다. 양양에서는 젊은 사람이라 불리는 나이다 보니, 귀촌을 했다고 하면 고향이거나 연고가 있으리라 생각한다. 겸연쩍은 얼굴로 "집을 충동구매 해서요"라고 대답하면 다들 놀란다. 그런데 달리 말할 방도가 없다. 집을 사서 왔고, 그 집은 말 그대로 충동구매였다.

처음 서울을 떠나 양양에서 살 거라는 소식을 알렸을 때 주위의 반응도 같았다. 아니, 왜 갑자기 양양이냐고. 그도 그럴 것이 내 고향은 경상도이고, 양양이 최근 뜨는 동네라고 해도 나는 서핑을 즐기는 힙스터가 아니었다. 서핑을 동경했지만 한 번도 해본 적이 없다. 남편도 마찬가지다. 그의 고향은 강원도지만 바닷가와 전혀 상관없는 정선군이다. 나보다 더 오랜 기간 서울에서 살았고, 서핑에는 관심조차 없었다. 양양에는 우리가 아는 사람이 단 한 명도 없었다. 하지만 어느 날 우리는 한 아파트 모델 하우스에 들어가 집을 샀고, 그날부터 양양은 우리가 살 곳이 되었다.

2016년 10월의 일이다. 당시 나는 석사 논문을 쓰면서 스트레스가 많이 쌓여가고 있었다. 첫 소설은 누구나 자전적 소설이라는 이야기를 들은 적이 있다. 위험한 일반화이지만 어떤 의미인지 알 수 있었다. 소설은 아니었지만 처음으로 쓰는 긴 논문이었고, 자연스레 내게 일어난 일을 바탕으로 오랫동안 마음에 품었던 의문을 해결하기 위해 쓰고 있었다. 남들에게 보이긴 부끄럽지만 스스로에게는 더없이 무거운 책임감을 갖고 있었다. 그래서 힘들었다. 곁에서 지켜보던 남편이 여행을 제안했다. 급하게 숙소를 알아보고 강릉으로 향했다. 서울의 동쪽 끝, 강동구에 살고 있던 우리는 종종 강원도로 여행을 가곤 했다. 집을 나서면 바로 강원도로 연결되는 고속도로였으니까.

무작정 나선 탓에 구체적인 여정은 정하지 않았다. 식당에서 카페로 넘어가는 길에 인터넷 검색을 해서 다음 장소를 찾거나 지나가다 보이는 곳에 그냥 들어가는 느긋한 여행을 하고 있었다. 고성 바우지움 조각 미술관과 속초 중앙시장을 지나 강릉 사천면의 숙소로 돌아가던 길이었다. 도로에서 우연히 양양의 아파트 모델 하우스 광고를 보았다. 운전 중인 남편에게 현수막을 가리키며 물었다. "저기 구경 가볼까?"

그날 이전에 모델 하우스 구경을 가 본 적이 있던가? 어렸을 때 엄마를 따라가 본 것 같기도 하고, TV에서 본 걸 내 기억으로 착각하고 있을 수도 있다. 무엇보다 모델 하우스에 가보고 싶다는 생각을 해본 적은 없었다. 애초에 집을 사겠다는 생각을 한 적도 없었다.

열아홉 살에 대학에 진학하며 서울에서 살기 시작했다. 하숙집도 아니고, 서대문구 홍은동의 4인 가족이 사는 일반 가정집에 방 하나만 빌려 살았다. 기숙사 수용 인원이 적은 걸 몰랐고, 자취방을 구할 형편이 아니었다. 대학의 첫 학기를 그 방에서 보냈다. 집이 아닌 방. 당시 내게 서울과 학교는 너무 크고 복잡하고 어려웠다. 수업을 빼먹고 방에서 박경리 작가의 『토지』를 독파하는 날들이었다. 이후 대학 생활 내내 학교 근처 하숙집과 기숙사, 셰어하우스 등 다양한 거주 방식을 경험했다.

졸업 후 취업을 한 뒤에는 동교동의 옥탑방에서 오랫동안

충동적으로 집을 사다

살았다. 대학 친구와 함께 살기 시작한 이후 2년에 한 번씩 서울의 여기저기를 옮겨 다녔다. 월세에서 전세로, 방을 조금씩 넓혀 가긴 했지만 서울에서 아파트에 살 수 있을 거라고, 집을 살 수 있을 거라고는 생각하지 않았다. 당시 인생 계획에 결혼을 넣어 두지 않았기에 더욱 그랬다. 청약통장도 없었고, 주택 담보 대출이란 용어도 몰랐다.

결혼 후 남편이 살던 공공임대 아파트에서 함께 살기 시작했다. 그가 청약통장을 갖고 있어서 다행이다 싶었지만, 여전히 우리가 집을 살 거라고는 생각하지 않았다. 최장 20년간 살 수 있는 공공임대 아파트는 안락했고 저렴했다. 둘 다 대출이란 걸 해본 적이 없었고 몇억씩 대출을 받아야 살 수 있는 집을 우리의 미래에 구체적인 그림으로 그려본 적도 없었다. 그런데 왜 그날 나는 모델 하우스에 가보고 싶었을까? 그것도 서울이 아닌 낯선 여행지에서. 정말 말 그대로 그냥 한 번 가볼까 하는 생각이 들었다고밖에 설명할 길이 없다.

우리가 모델 하우스에 머문 시간은 30분을 넘지 않았을 것이다. 2층으로 올라가 구경하고 1층에서 상담원과 이야기를 하고 그 자리에서 계약을 했다. 말 그대로 충동구매였다. 우리는 서로 얼굴을 마주 보고 고개를 끄덕이고 결정했다. 한편으론 자연스러운 결정이기도 했다. 나중에 서울을 떠나서 시골에 가서 살자는 이야기를 종종 했었다. '나중에.'

둘 다 지역에서 나고 자랐다. 나는 경상남도 김해군*에서 태어났다. 한 학년에 한 반밖에 없던 초등학교에 다니다 3학년 때 김해시로 이사를 했다. 고등학교는 경상남도 거창군에서 기숙사 학교에 다녔다. 갈만한 햄버거 가게라고는 롯데리아밖에 없는 시골에서 3년을 보내고 열아홉 살에 서울로 갔다. 2001년이었다. 사람 많기로 유명한 신촌에서 대학을 다녔다. 그 후 20년 가까이 서울에 적을 두고 살았지만, 나는 결국 서울에 적응하지 못했다.

처음부터 사람도, 차도, 건물도, 소리도, 사건도 너무 많은 서울이 어려웠다. 초반에는 학교 주변이나 서점과 아트하우스 영화관이 있는 종로 인근밖에 몰랐다. 강남에 간 것은 대학교 2, 3학년 무렵이었다. 12차선 도로를 보고 아득해졌다. 고등학생 시절을 보낸 거창군은 읍내에서 가장 무서운 차가 티코인 시골이었다. 커피 배달을 하는 다방 차가 티코였고 늘 과속을 했다.

서울에서는 두 발을 땅에 붙이지 못한 채 떠도는 느낌이었지만, 애초에 뿌리내리고 살아가야 할 곳이라는 의식이 없었기 때문에 애써 극복하려 하지 않았다. 월세 계약이 끝나 2년에 한 번씩 집을 옮겨야 할 때도 서울에 정착할 집이 없다는 사실을 심각하게 받아들이지 않았다. 동교동 옥탑방에서 면목동과

---

*1995년 5월 김해시로 통합되었다.

충동적으로 집을 사다

행당동, 보문동의 다세대 주택으로 서울 여기저기를 떠돌았다. 함께 살던 친구와 지하철 노선도를 보고 마음에 드는 동네를 골라 이사를 한 적도 있다. 사가정역이라는 이름이 독특해서였다. 지금 와서 생각해 보면, 30분 만의 충동구매에는 이름이 양양이라는 점도 작용했다. 양양이라니, 너무 귀여운 이름 아닌가.

물론 언젠가는 서울을 떠나 바닷가 시골에서 살고 싶었다. 하지만 방점은 여전히 '서울을 떠나'가 아닌 '바닷가'에 찍혔다. 서울을 견딜 수 없어서가 아니라 바닷가에 살면 더 좋을 것 같아서였다. 그렇다 해도 제주도를 염두에 둔 상상이었지 양양은 후보지가 아니었다. 강원도가 고향인 사람과 결혼하기 전에는 강원도를 의식한 적이 없었다. 20대 후반 무렵 고등학교 친구들과 '대관령 양떼목장'에 간 게 첫 강원도 경험이었다. 결혼 후 태백에 사시는 시부모님을 뵈러 갈 때마다 '와, 진짜 산이 가까이에 있다! 와, 진짜 멀다! 와, 길이 진짜 꼬불꼬불하다!'라고 생각했다.

바닷가 시골을 의식한 건 대학원 진학 후였다. 서른세 살에 석사 과정을 시작하면서 글 읽기와 글쓰기에 고전하고 있었다. 가능하다면 학업을 계속 해서 학자가 되고 싶다는 마음에 시작했는데 현실을 직면하고 스트레스를 받고 있던 터였다. 이제 더 이상 무언가를 읽고 해석하고 외우고 쓰는 일을 할 수 있는 두뇌 상태가 아니라는 사실에 좌절했다. 그래서 제주도에서 빵을 구우면서 서핑을 하는 생활을 꿈꿨다.

예전부터 서핑을 동경했다. 정확히 말해 서핑 자체보다 이를 다룬 영화에 매료되었다. 기타노 다케시 감독의 「그 여름 가장 조용한 바다」, 캐서린 비글로우 감독의 「폭풍 속으로」, 마이클 앱티드 감독의 「체이싱 매버릭스」 등을 좋아한다. 양양을 알게 된 것도 서핑의 명소로 뜬다는 이야기를 들어서였다. 「그 여름 가장 조용한 바다」 속 장면을 계속 떠올렸다. 청소회사 직원인 청각장애인 시게루(마키 쿠로도)가 바닷가 쓰레기통에서 주운 서핑 보드. 파도 소리를 듣지 못하는 시게루가 모래사장에 앉아 묵묵히 파도를 바라보던 풍경. 넘어지고 물에 처박혀도 다음 날 아무렇지 않게 또 서핑 보드를 옆구리에 끼고 걷던 시게루.

개봉 당시보다 늦게 2000년대 초반에 영화를 본 이후로 서핑을 쭉 동경했다. 놀라운 사실은 이 글을 쓰고 있는 현재까지도 서핑을 못 해봤다는 것이다. 저질 체력이 걱정돼 망설이는 사이에 코로나19 대유행이 시작되었기 때문에. 그래도 양양에 살다 보니 서핑으로 유명한 죽도나 인구 해변을 지나칠 일이 많다. 그래서 깨달았는데 나는 서핑 자체보다 서핑으로 대표되는 캘리포니아 해변 문화, 여기에 영향을 받은 쇼난 해변 문화를 좋아하는 것이었다. 모래가 묻은 발로 도로를 건너는, 까맣고 버석하게 탄 목덜미에 아무렇게나 자란 머리카락에서 물이 뚝뚝 떨어지는 사람을 동경한 것이었다.

남편은 서핑도, 양양도 알지 못했고 관심도 없었다. 강원도 태생이지만 이미 고향에서 산 시간보다 서울에서 산 시간이 더 길었다. 남편도 나처럼 서울을 떠돌았다. 인천, 부천, 성남 등 서울 인근 도시의 다세대 주택을 거쳐 서울까지 왔다. 그래도 30대 초반에 서울의 공공임대 아파트에서 안정적인 삶을 시작한 터라 그가 서울을 떠날 결심을 한 건 나보다는 어려운 결정이었다. 나중에 알고 보니 그에게도 이유가 있었다.

신중한 성격인 남편에게 양양행은 아주 충동적인 결정이었다. 그에게는 20대 시절부터 친형처럼 따르던 선배가 있었다. 나이 차가 꽤 나는 형이었지만 친구처럼, 가족처럼 지내는 사이였다. 술을 좋아하는 두 사람은 함께 술자리를 가지며 힘든 서울살이의 스트레스를 풀곤 했다. 그런데 당시 40대 초반이었던 선배가 어느 날 갑자기 어린 자녀들과 아내를 남기고 하루아침에 세상을 떠났다. 선배는 부산 출신으로 고향을 떠나 서울에서 갖은 고생을 한 끝에 막 자리를 잡아가던 시기였다.

그의 죽음은 남편에게 큰 상처로 남았다. 남편이 당시 선배의 나이에 가까워지면서, 과중한 회사 업무로 체력적으로 부담이 커지면서, 결혼을 해 가족이 생기면서 선배의 죽음을 떠올리게 되었다. 어느 날 갑자기 모든 것이 멈출 수도 있다는 걸 실감한 것이다. 남편은 부지런하다. 재주가 많아 할 수 있는 일도 많고, '워라밸(Work and Life Balance)'에서 일의 비중이 높은 편이었다. 한마디로 할 일을 미뤄두고 쉬는 사람이 아니다. 곁에서 지켜보기에도 그 회사를 계속 다니면 크게 아플 수 있을 것 같아 걱정이었다.

어떤 배경을 설명해도, 결국 단순하게 말하자면 우리는 여행 중에 집을 샀다. 전 재산을 털어 세계여행을 떠나는 사람과 비교하면 그리 놀라울 것도 대단할 것도 없는 일이다. 하지만 친구와 직장과 커리어와 어쩌면 미래가 있었을, 서울을 떠난다는 결정을 단 30분 만에 했다는 점에서 놀라운 일이긴 하겠다. 그렇게 우리는 낯선 동네의 모델 하우스에서 계약서에 사인을 하면서 2년 뒤 양양에 오겠다는 결정을 했다.

서울이 아니라면, 무엇을 할 것인가?

다행히도 양양은 우리가 아는 것보다 훨씬 좋은 점이 많았다. 먼저 바다가 있는 곳이었다. 모델 하우스 직원분의 설명을 들으니 산도 있고 하천도 있는 곳이었다. 마침 고속도로가 개통될 예정이라 서울과의 거리도 멀지 않다고 했다. 게다가 아파트 가격은 우리의 전 재산과 딱 맞았다. 대출을 받지 않아도 되는 상황. 모든 것이 자연스러웠다. 동시에 모든 것이 부자연스러웠다. 집, 충동구매, 서울을 떠나는 것. 모든 것이 갑작스러웠다. 전 재산을 모두 집에 붓고 나면 우리는 아무것도 가진 게 없다. 하지만 남편과 나는 서로의 얼굴을 다시 한 번 보고,

결정을 하고, 계약서를 써 내려갔다. 아파트를 짓는 2년 동안 준비를 하면 어떻게든 될 거라고 생각했다. 그 시간 내내 서울이 아닌 곳에서 어떻게 먹고 살지, 생활과 생존을 고민하면서 희망과 불안과 결의가 파도처럼 왔다가 사라졌다. 2년은 생각보다 짧았다.

양양에 집을 사고 나서 남편은 회사를 그만두었다. 당시 남편은 새벽 대여섯 시에 출근해서 밤 열 시 무렵 퇴근하는 생활을 1년 가까이 하고 있었다. 계속 회사에 다닌다고 해도 몇 년에 한 번씩 순환 근무를 해야 해서 전국을 떠돌아야 하는 직업이었다. 전문 분야인 만큼 양양에서도 다닐 수 있는 회사였지만, 그는 퇴사를 택했다.

회사를 그만둔 남편은 서울이 아닌 곳에서 무엇을 하면 좋을지 고민하기 시작했다. 당시 30대 후반의 나이와 양양이 일자리가 많지 않은 시골이라는 조건은 큰 제약이었다. 서핑의 성지라는 점을 고려해서 처음에는 서핑 보드 제작자가 되어볼까 생각했다. 제주도에 3개월 정도 살면서 서핑 보드를 배울 수 있는 곳이 있었다. 그런데 남편도 나도 정작 서핑을 해본 적이 없었다. 물론 서퍼가 되어야만 보드를 만들 수 있는 건 아니다. 하지만 서핑은 스포츠이기만 한 게 아니라 일종의 문화이고 삶에 대한 태도라고 생각한다. 그래서 서핑을 해본 적도 없고, 좋아하는지 아닌지 알지 못하는 상태에서 보드 제작자가 되겠다는 결심을 하는 건 자연스럽지 않다고 생각했다.

보드 제작에 대한 관심은 목공으로 이어졌다. 내가 목공을 해보지 않겠느냐고 권했다. 원래 목공은 나의 관심 분야였다. 언젠가 취미로 배워보고 싶었다. 하지만 알고 있었다. 나는 손재주가 없는 편이고, 체력도 좋지 않아서 잘 해내기 어려울 거란 걸. 반면에 남편은 손재주가 좋고 미감이 좋은 사람이다. 아름다운 것을 잘 알아채고, 그만큼 아름답지 않은 것을 보면 불편해한다. 그리고 무언가를 만들고 고치는 게 익숙했다. 그래서 말 그대로 '그냥' 알 수 있었다. 남편이 목공을 하면 아주 잘할 거라는 걸. 처음 목공을 권했을 때 그는 시큰둥했다. 하지만 나의 성의를 생각해 정보를 찾아보다 흥미를 느꼈다.

남편은 경기도의 개인 공방에서 목공을 배우기 시작했다. 미국에서 목공을 익힌 공방장에게 배우면서 자연스럽게 북미산 고급 하드우드를 사용하는 가구 제작을 익혔다. 철제 피스로 고정하는 대신 나무 자체로 결구를 만들어 나무와 나무가 서로 결합되게 하는 짜맞춤 기법을 배웠다. 나무는 단단하면서도 무르다. 짜맞춤 기법은 어렵고 복잡하지만, 나무의 성질을 거스르지 않으면서 오랫동안 제 모습을 유지하기에 좋은 방법이다. 하루가 다르게 솜씨가 늘었다.

공방에서 처음 만들어 온 것은 신기하게 생긴 나무망치였다. 보통 공방에서 수강생이 가장 먼저 만들어보는 것이라고 했다.

남들이 다 만드는 모양은 재미가 없다며 마블 스튜디오 영화 속 토르 망치를 닮은 녀석을 만들었다. 그 후 캐비닛부터 스탠드, 테이블, 의자까지 점점 구조가 복잡하고 디자인이 아름다운 가구를 만들어왔다. 목공을 시작한 지 1년이 채 지나기 전에 어느새 손이 두툼한 목수가 되었다.

한편 석사 논문을 마무리하고 있던 나는 원하던 회사에 취직을 하게 됐다. 당시 우리 사회에서 드문 유료 지식 콘텐츠를 만드는 스타트업 퍼블리였다. 양양 집을 충동구매 했던 문제의 여행 하루 전에 경영진과 면담을 했다. 정식으로 채용 공고가 났던 것은 아니었다. 우연히 콘텐츠를 구매해서 읽어 보고 관심이 생겨 관련 기사를 찾아보면서 '이곳에서 일하고 싶다'는 생각을 했다. 지금까지 내가 회사를 선택하는 이유는 대개 '이곳에서 일하고 싶다'가 먼저였다. 무슨 일을 하고 싶다거나 어떤 직업으로 불리고 싶다거나 연봉이 많으면 좋겠다거나 하는 것보다 이 점이 늘 먼저였다.

대학 졸업 후 1년간 일본에서 외국인 노동자로 아르바이트를 했다. 2007년에 한국에 돌아와 첫 직장 생활을 시작한 이래 나는 커리어의 대부분을 기자와 기획자로 일했다. 대학에서 신문방송학을 공부했기 때문에 자연스러운 흐름처럼 보이지만, 전공을 살리고 싶어 이 직업을 선택한 것은 아니었다. 2006년 2월에 졸업을 앞두고 하고 싶은 것도, 되고 싶은 것도, 가고 싶은 회사도 없었다. 토익 시험을 대학 4학년 때 처음 봤을 정도로 제대로 구직 활동을 하지 않았다. 소속이 없는 채로 한국으로 돌아와서도 어디서부터 무엇을 어떻게 해야 좋을지 몰랐다. 무슨 일을 할 것인지 고민하던 시기에 우연히 '이곳에서 일하고 싶다'고 느낀 회사를 발견했다. 그곳이 잡지사여서 기자로 커리어를 시작하게 되었을 뿐이다.

커리어 패스라는 관점에서 보면 전혀 전략적이지 않은 선택으로 여러 회사를 거쳐왔다. 하지만 스스로는 '이곳에서 일하고 싶다'는 마음의 부름을 신뢰했다. 퍼블리도 그 마음 하나로 메일을 보냈고, 이를 읽은 경영진과 면담을 하게 됐다. 한동안 연락이 없어서 잊고 있었다. 정식으로 채용 공고가 난 게 아니니 당연하다고 생각했다. 그런데 11월 중순에 갑자기 연락이 왔고, 일사천리로 입사가 결정되었다. 논문을 마무리하던 시기라 회사와 학교를 오가며 한동안 정신없는 날들이 이어졌다.

회사에 다니면서 양양행에 대해 다시 고민했다. 디지털 플랫폼 기반으로 콘텐츠를 제작하는 곳이긴 하지만 업무상 미팅이나 오프라인 행사 진행 등이 있어 전면 원격근무는 불가능한 상황이었다. 지금 하는 일을 양양에서도 계속할 수 없다면 나는 무엇을 포기할 것인가. 일인가 양양인가. 당시에는 일을 계속하고 싶었다. 그래서 양양의 아파트가 완공되면 남편이 먼저 가고 나는 서울에서 지내면서 주말부부로 지낼 생각을 했다. 얼마나 지속할 수 있을지 알 수 없지만, 일단은 그렇게라도 둘 다 잃고 싶지 않았다. 그런데 해결책은 예기치 않은 곳에서 나왔다. 1년이 채 안 돼 회사를 그만둔 것이다. 회사의 사업 방향 변화와 나의 전문 분야가 맞지 않아서였다. 고민은 다시 시작되었다. 서울에서 다른 일을 찾을 것인가, 무엇을 할 것인가, 어디에서 살 것인가, 어떻게 할 것인가.

오마에 겐이치라는 작가는 책 『난문쾌답』에서 인간을 바꾸는 건 세 가지뿐이라고 했다. 시간을 달리 쓰는 것, 사는 곳을 바꾸는 것, 새로운 사람을 사귀는 것, 이 세 가지 방법이 아니면 인간은 바뀌지 않는다고 했다. 나는 딱히 나를 바꾸고 싶어서 양양에서 살기로 결심한 건 아니었다. 하지만 서울과 양양은 확실히 다른 곳이다. 어쨌든 사는 곳을 바꾸면 나를 둘러싼 환경과 조건이 바뀔 것이다. 이를 통해 결국 내가 바뀌게 될 것을 예상할 수 있었다.

그래서 고민에 고민을 거듭했다. 처음 양양에서 살기로 결정한 후에는 서울이 아니라면 나는 어떤 일을 하고 싶은가, 어떤 일을 할 수 있는가를 고민했다. 생각이 깊어질수록 질문이 바뀌었다. 일하는 사람으로서 나는 서울이든 양양이든 어떤 일을 하고 싶은가, 어떤 일을 할 수 있는가. 당시 사회적으로도 일하는 방식의 변화에 대한 새로운 질문이 움트기 시작했다. 밀레니얼 세대가 사회에 진출하면서 기존의 관성으로는 조직을 능률적으로 운영할 수도, 탁월한 성과를 낼 수도 없다는 사실을 회사가 깨닫고 있었다.

오랫동안 프리랜서라 뭉뚱그려졌던 '인디펜던트 워커(Independent Worker)'가 다양한 업종과 업계에서 증가하고 있었다. 회사나 조직에 속하느냐 아니냐가 기준이 아니다. 본업 이외에 수익을 올릴 수 있는 부업을 병행하는 '사이드허슬'이나 복수의 직업을 가지거나 복수의 조직에서 근무하는 'N잡러'가 등장했다. 한편으로는 경제 성장이 둔화한 상황에서 안정적인 일자리와 취업 기회가 줄어들면서 공무원 시험에 매달리는 청년도 여전히 많다. 무엇이 되는가, 어떤 회사에 취업하는가로 끝나지 않는 일에 대한 고민이 화두가 되었다. 나 역시 일에 대해 더욱 치열하게 고민해야 하는 시기였다.

퍼블리를 그만둘 당시 나는 서른다섯 살이었다. 기자와 기획자로 일해 온 10여 년의 경험이 있었다. 조직 생활과 프리랜서 생활을 모두 겪었다. 둘 다 어려움이 있었지만 할 만했다. 죽어도 회사는 못 다니겠다거나 프리랜서는 내 길이 아니라고 생각하지 않았기에 다행이었다. 그리고 늦은 나이에 대학원까지 가서 배운 귀한 가르침이 있었다. 직업인으로서의 윤리, 시민으로서의 윤리, 거기에 개인으로서 내 삶을 훼손시키지 않으면서 살아가고자 하는 마음, 이 모든 것은 복잡하게 얽혀 나를 두드렸다. 어떻게 살 것인가, 어떻게 일할 것인가, 어떻게 사회 구성원으로서 역할을 할 것인가. 앞으로 살아온 만큼 더 살아간다면, 나의 삶과 일에 지금까지의 경험을 어떻게 엮어서 펼쳐낼 것인가. 고민은 계속되었고, 답은 쉽사리 나오지 않았다. 그즈음 우연히 영화 「땐뽀걸즈」를 보았다.

「땐뽀걸즈」, '지방'에서 살아간다는 것

기자로 일할 때 영화 분야를 다룬 인연으로 아직도 신작 보도자료를 받고 있다. 그 날도 하루에 수십 건씩 오는 보도자료 메일을 정리하다 우연히 하나를 열어보았다. 메일 속에 일본 청춘 영화나 스포츠음료의 광고를 연상케 하는 화사하고 따뜻한 색감의 포스터가 있었다. 과장 없이 담담하게 적어 내려간 소개에 마음이 끌렸다. 독립영화라 상영관이 많지 않았다. 종로의 인디스페이스에서 영화를 보았다. 낡은 영화관에서 많지 않은 관객과 함께 영화를 보는 내내 마음이 뜨끈했다.

그 후로도 한동안 계속 생각이 이어졌다. 더해지고 커졌다가 사그라지기도 하고 다시 부풀기도 했다. 이 영화가 왜 이렇게 나를 붙드는 것일까, 대답을 찾아야 했다. 「땐뽀걸즈」는 자체로도 좋은 영화였다. 내게는 영화 속 학생들과 다르지만 닮은, 나의 과거를 겹쳐볼 수 있어 좋았다. 그리고 당시 막연하게 그리고 있던 미래에 대한 상념과 아이디어를 제공해주어서 더 좋은 영화였다.

지역에서 태어나 자랐고 서울에서 오랫동안 살다가 다시 지역에서 살기로 결정했다. 내가 어렸을 때보다 지역과 서울의 격차는 더욱 커졌다. 서울에서 자연스럽게 누리던 것들이 지역에서는 애써 찾고 움켜쥐어야 하는 게 될 터였다. 서울이 아니면 쉽게 '지방'이라고 이야기하는 세상에서 반짝반짝 빛나는 학생들을 보면서 지방에서 사는 것에 대해 계속 곱씹었다.

양양의 아파트는 나와 남편이 처음 가진 '내 집'이었다. 20대 초반에 '가족은 양가적'이라는 문장에 감탄한 적이 있다. 가족은 울타리인 동시에 굴레이다. 마찬가지로 어떤 곳에 뿌리를 내린다는 것은 '양가적'이다. 안정인 동시에 속박이다. 양양은 이제 내 집이 있는 곳이다. 쉽게 이사를 하거나 떠날 수 없는 곳이라는 의미이기도 했다. 삶의 터전을 새로 다지고 이어가야 할 곳이 강원도의 군 지역이라는 것은 생각보다 많은 변화를 감당해야 했다. 한국의 지나친 수도권 집중과 점점 현실이 되어가는 지방 소멸의 위기 때문에.

나는 대학원에서 도시 문제와 도시재생에 대해 배우면서 지역 문제에 더욱 관심을 두게 되었다. 양양행을 결정하고 지역에서 산다는 것을 구체적으로 고민하면서 지역의 지속가능성을 생각했다. 양양은 많은 농어촌 지역이 그렇듯이 인구 고령화가 심각한 곳이다. 아이들이 태어나지 않고, 청소년들이 지역 밖의 세상과 만나지 못하고, 일자리가 부족해 청년들이 도시로 떠나는 곳이다. 자연스레 소멸이 진행되고 있다.

지방소멸은 물리적인 공간이 없어지는 것이 아니라 공공 서비스와 행정이 없어지는 것에서 시작한다. 이용할 주민이 없으니 도서관, 병원, 주민센터를 유지할 필요가 없어지고, 세금이 투입되지 않고 자연스레 소멸하게 된다. 그렇다고 지방소멸을 막기 위해 지역에서 나고 자란 사람을 서울로 가지 못하게 할 수는 없다. 마찬가지로 지방소멸이 진행 중이라고 해서 지역에 살고 있는 사람이 살던 고향과 지역을 떠나 모두 서울로 갈 수도 없는 노릇이다.

수도권 집중화에 대해 수년 전부터 언론에서 지적하고 학계에서 연구를 하고 있지만, 안타깝게도 지역의 인구는 계속 줄고 있다. 한국의 상황은 제2의 도시인 부산마저도 급속한 인구 감소와 산업쇠퇴에 직면했다는 점에서 더욱 심각하다. 수도권은 블랙홀처럼 지역의 사람과 돈과 욕망을 빨아들인다. 나머지 지역은 속도와 정도의 차이가 있을지언정 쇠퇴와 소멸의 길로 가고 있다.

「땐뽀걸즈」에 유독 마음이 쓰였던 것은 퍼블리에서 PM으로 진행했던 '산업도시의 소멸'에 관한 프로젝트 영향도 있었다. 그 프로젝트에 마음이 쓰였던 것도 내가 지역에서 나고 자랐고, 친한 친구가 「땐뽀걸즈」의 배경인 거제에서 일하며 살고 있고, 남편 또한 지금은 소멸된 탄광촌에서 나고 자랐기 때문이었다.

남편은 강원도 정선군 사북읍에서 태어나 자랐다. 언젠가 태백의 시가에 가는 길에 사북에 들른 적이 있다. 사북의 첫인상은 '이상하다'였다. 모텔과 전당포가 무서울 정도로 많았다. 내국인을 대상으로 카지노 영업을 하는 강원랜드가 있어서다. 석탄산업이 쇠퇴하고 탄광이 문을 닫고 끝없는 쇠락의 길로 향하다 그나마 카지노가 들어서면서 동네 사람들이 먹고살 방도가 생겼다. 하지만 과거의 영화는 처연한 흔적만 남기고 사라졌다.

산업도시의 풍경은 산업의 흥망성쇠에 따라 달라진다. 「땐뽀걸즈」의 배경인 거제와 마찬가지로 인근의 통영, 울산도 조선업의 경기에 크게 좌우되는 곳이다. 산업도시의 쇠락은 지역 경제, 내부 구성원의 삶에 치명적인 변화로 이어진다. 「땐뽀걸즈」의 땐뽀(댄스 스포츠)반 학생들의 부모는 대기업 조선소의 하청회사에서 일하거나 조선소 노동자를 주 고객으로 하는 자영업을 하고 있었다. 조선업 경기가 휘청이자 이들의 삶도 함께 출렁거리게 되었다. 부모들은 자의 반 타의 반으로 퇴직을 하고 다른 생업을 찾아 나서야 했다. 상업고등학교를 졸업하고 조선소 관련 회사에서 일하면 될 거라고 생각했던 학생들의 미래도 불안해졌다.

「땐뽀걸즈」를 보고 나서 계속 땐뽀반 학생들의 '내일'이 궁금했다. 솔직히 말해 걱정했다. 오지랖인 걸 알면서도 그랬다. 그들이 학교라는 족쇄이기도 하지만 울타리이기도 한 공간을 벗어나 사회에 나갔을 때 만나게 될 광경들은 썩 유쾌하지도 긍정적이지도 않아 보였다. 그래서 「땐뽀걸즈」가 어떻게 만들어졌고, 땐뽀반 학생들은 지금 어떻게 살고 있는지를 담은 책을 만들고 싶었다. 학생들의 목소리를 통해 직접 듣고 싶었다.

쓸데없이 찬란한

극장 개봉 당시 「땐뽀걸즈」를 두 번 보았다. 이 작품이 왜 그토록 좋았는지 당시에도, 이후에도 오래도록 생각했다. 최근에 우연히 그 실마리를 찾았다. 여성주의 미디어 공동체인 연분홍치마에서 운영하는 유튜브 채널 연분홍TV에서 한 영상을 보았다. 성 소수자의 부모가 주인공인 다큐멘터리 「너에게 가는 길」의 제작 비하인드를 들려주는 내용이었다. 그 영상에서 연분홍치마 멤버인 김일란 감독은 "뭔가 다른 가족의 모습 또는 부모의 모습을 보여주며 상상하게 하는 것도 다큐멘터리의 역할인 것 같다"는 말을 했다. 바로 이 점이 좋은 다큐멘터리로서 「땐뽀걸즈」의 미덕이었고, 내가 반한 이유였다.

지역 소도시, 상업 고등학교 여학생, 댄스 스포츠 동아리. 따로 떼놓고 보아도 주인공이 되기 쉽지 않은 키워드를 한데 모아 놓은 이야기가 「땐뽀걸즈」였다. 그리고 영화 속 땐뽀반 학생들은 미디어에서 쉽고 게으른 방식으로 재현하는 여자 고등학생의 모습과 '디테일'에서 달랐다. 그래서 반했고, 자꾸 되새기다 보니 자연스레 이 영화를 만든 사람의 이야기를 더 듣고 싶다는 생각에 이르렀다.

촬영을 하면서 학생들은 어떤 이야기를 나누었는지, 영화에 담지 못한 그들의 삶에 대해 더 할 이야기가 있을 것 같았다. 영화 제작기를 책으로 만들어 보기로 했다. 회사를 그만두었으니 시간은 많았다. 책을 만들어본 적도 없고, 책 편집을 해본 적도 없었다. 하지만 오랫동안 글을 썼고, 기자로 일하면서 편집 일도 잠시 해보았다. 잘할 수 있을 거라는 생각보다 하고 싶다는 마음이 컸다. 책이라는 매체는 영화와 다른 일을 할 수 있다. 영화의 러닝 타임 속에 생략되고 접혀 있는 이야기를 책에서는 더욱 넓게 펼쳐낼 수 있으니까.

그 후 몇 개월 동안 많은 일이 일어났다. 책을 기획하고, 편집하다가 1인 출판사까지 만들었다. 출판사라니! 사업자 등록이라니! 전혀 생각하지 못한 방향으로 일이 굴러가기 시작했다. 처음에는 내가 기획과 편집만 맡고 기성 출판사에서 책을 내려고 했다. 결과는 좋지 않았다. 내부 인력이 아니라 외부에서 기획과 편집을 맡는 협업을 원하지 않거나, 이미 출간 라인업이 짜여 있어 여력이 없다고 했다. 적극적으로 관심을 보인 곳도 있었다. 저자와 함께 담당자와 미팅도 했다. 성사되지 않았다. 출판사에서 외부 작업자인 내게 제시한 작업료가 받아들이기 어려운 액수였기 때문이다. 사업자 등록을 하지 않은 채 프로젝트팀으로 텀블벅 펀딩을 하는 것도 고려했다. 다만 출판권에 있어 저자뿐 아니라 KBS 측과도 협의를 해야 하는 상황이라 사업자가 아닌 개인으로 진행하는 출판은 어려울 수 있겠다 싶었다. 결국, 직접 1인 출판사를 차려서 책을 만들게 되었다.

「땐뽀걸즈」의 제작기를 담은 책 『쓸데없이 찬란한』을 만드는 과정에서 가장 중요하게 생각한 것은 '사려 깊음'이었다. 그건 내가 영화 「땐뽀걸즈」에 반한 이유이기도 했다. 땐뽀반 학생들을 대하는 카메라의 시선이 신중하고 사려 깊었다. 그리고 부끄럽지만 '사려 깊음'은 기획자이자 편집자로서 나의 몇 안 되는 무기이기도 했다. 저자는 물론 책에 자신의 글을 더해준 모두에게 이 책을 만드는 과정이, 결과물로서의 책이 좋은 기억으로 남기를 바랐다.

땐뽀반 학생들과 이규호 선생님과 서면 인터뷰를 진행하고 책에 실었다. 학생들에게 물은 것은 이런 것들이다. "「땐뽀걸즈」 작업이 어떤 기억으로 남았나요?" "졸업 후 사회에 나온 뒤 재미

있는 점이나 고민되는 점이 있나요?" "촬영할 때에는 몰랐는데, 완성된 영화를 보고 새롭게 발견한 게 있나요?"

심예진 학생은 "솔직히 고등학생 때는 학교 수업이 배우고 싶은 것도 아니었고 관심도 없었어요. 유일하게 학교에 가게 만든 건 동아리였어요"라고 말했다. 박시영 학생은 "살다가 힘이 들 때「땐뽀걸즈」를 꺼내보면 행복했던 기억들 때문에 버텨낼 수 있지 않을까요? 저는 버텨낼 수 있을 거로 생각해요"라고 말했다. 질문에 대한 답으로 긴 글을 보내준 김현빈 학생은 "「땐뽀걸즈」를 경험하면서 그 사이에 너무나 많은 것이 변한 것 같다. 나는 단지 돈을 위해 열심히 살았는데, 지금은 돈보다 중요한 게 내가 가장 행복한 시간에 웃을 수 있는 것이라는 걸 안다"라는 멋진 이야기를 들려주었다.

이규호 선생님의 인터뷰 역시 마음에 남는 답이 많았다. "학교에 귀여운 강아지와 토끼를 길렀던 이유는 학교에 친구가 없는 애들도 있고 외로운 애들도 있기 때문입니다. 동물을 통해서 웃음과 즐거움을 찾아주고자 하는 작은 마음에서 시작한 것입니다. 상추와 고추, 방울토마토, 딸기, 복분자, 포도를 텃밭에 심은 것도 학교에 와서 언제라도 먹고 싶으면 따 먹을 수 있고 보고 싶으면 볼 수 있는 즐거움과 재미를 주고 싶은 마음에서 시작한 것입니다." 이 대답은 이규호 선생님이 어떤 사람인지 분명하게 보여준다.

『쓸데없이 찬란한』에 대해 지금 와서 다시 이야기하는 게 조심스럽다. 올해 초 영화와 책을 만든 중심인물인 저자 A의 부도덕한 사생활이 피해자의 폭로로 알려졌기 때문이다. 나 역시 많은 이들처럼 분노와 어이없음을 오고 가는 감정의 소용돌이를 경험했다. 나는 「땐뽀걸즈」의 팬이자 그와 함께 『쓸데없이 찬란한』을 만든 사람이니까.

　고민 끝에 그래도 이 이야기를 하기로 결심한 건 한 사람의 발언 덕분이다. 밴드 가을방학의 멤버 계피 씨가 트위터에 쓴 글이다. "지나온 발자취를 어떤 방식으로 간직해야 하나 생각해왔습니다. (중략) 누가 곡을 썼든 제가 불렀다면 저의 노래입니다. 부족한 부분도 많았지만 최선을 다해 한 인간으로서 제 경험과 감정을 담아 노래해 왔기 때문입니다." 같은 밴드의 남성 멤버가 성범죄 혐의로 조사를 받는 사실이 알려진 이후 밴드의 해체 소식을 알리는 내용 중의 한 부분이다.

　나 역시 『쓸데없이 찬란한』이 내가 쓴 책은 아니지만 내가 기획하고 편집하고 출판한 책이기에 나의 책이라고 생각한다. 이는 책 속에서 글을 통해 자신의 이야기를 더해준 이규호 선생님과 땐뽀반 학생들, 김훈식 촬영감독에게도 마찬가지이다. 물론 함께 텀블벅 프로젝트를 진행하면서 책과 굿즈, 행사의 디자인을 맡아준 정명희 디자이너에게도 그렇다. 그래서 텀블벅 후원을 통해 이 책이 세상에 나올 수 있도록 해준 모든 후원자와 책을 구매해 읽은 독자에게도 『쓸데없이 찬란한』이 비단 누군가의 오명 옆에 나란히 서 있는 불쾌한 기억이 아니길 바란다.

출판사 등록을 하고 사업자 등록을 하고 계약서를 주고받고, 표지 디자인과 제본 방식을 결정하고 교정지를 출력하고, 각종 대금을 지급하고 원천세 신고와 정산을 하는, 이 모든 것이 낯설었다. 하나하나 찾아보고 공부했다. 다행히 양양에서 무엇을 하며 살 것인가 고민하던 시기에 '마포 김 사장'으로 유명한 출판사 북스피어 김홍민 대표의 강의를 들었다. 독립 출판과 독립 서점이 일종의 붐처럼 여기저기서 거론되던 시기였다. 양양에서 글을 쓰고 기획을 해 온 커리어를 이어나갈 수 있는 개인 사업으로 독립 출판을 생각했다. 당시에는 막연한 계획 중의 하나였지 정말 나중에 출판사를 차리고 책을 내게 될 줄은 몰랐다.

막상 출판사를 차리는 것은 큰 결심이었다. 구멍가게 규모라고 해도, 사업자 등록을 하는 '사업'은 처음인데 이렇게 무작정 시작해도 되나 싶었다. 하지만 내가 결심해야 이 책을 세상에 내놓을 수 있었다. 무엇보다 그 영화에 대한 이야기를 내가 읽고 싶었다. 사람들과 함께 읽고 싶었다. 그렇게 2018년 봄, 곰프레스를 시작했다.

곰프레스는 『쓸데없이 찬란한』을 만들기 위해 세운 출판사였다. 확고한 미션이나 명확한 시장 분석이 없었다. 책을 만들고 텀블벅 펀딩을 진행하면서 계속 공부하고 고민했다. 곰프레스라는 브랜드를 만들어 가는 과정에서 브랜딩 워크샵에 참여한 게 큰 도움이 되었다. '자기다움이 무엇인가'를 고민하며 자아를 찾는 개인 브랜드+아이덴티티+비즈니스 전략 워크샵이었다. 곰프레스는 무엇이고, 어떤 방식으로 무슨 이야기를 세상에 던질 것인가를 생각하고 정리했다. 워크샵 마지막 날 곰프레스의 'why story'를 정리하는 시간을 가졌다.

> 곰프레스는 한국 사회가 다양한 삶에 대한 상상력이 부족하다고 생각합니다. 특히 여성과 청소년에게 더욱 고정된, 제한된 삶이 강제된다고 생각합니다. 곰프레스는 글쓰기와 기획력, 다양한 재능을 가진 여성과의 연대를 바탕으로 솔직하고 사려 깊은 페미니즘 스토리를 팔리는 방식으로 만들고자 합니다. 소외된, 가치 있는 이야기를 정직하게 세상에 전달해서 지역, 청소년, 여성에게 다른 삶에 대한 상상력을 키워주고, 구속되지 않는 다른 삶과 연대하는 것으로 정의로운 사회를 만드는 데 기여하고자 합니다.

1인 출판사로서 첫 책을 낸 경험은 양양에서의 새로운 삶을 모색하는데 있어서도 큰 자극이 되었다. 오랫동안 지식노동자로서 일해 온 사람이 서울이 아닌 곳에서 할 수 있는 일 중에 출판사는 매력적인 선택지 중 하나였으니까. 결과적으로 정작 양양에서는 다른 일을 하느라 결국 다음 책을 내지 못한 채 곰프레스는 줄곧 휴업 상태이다. 1년에 몇만 원씩 등록면허세를 내면서도 폐업 신고는 하지 않았다. 포기하지 않아서다. 책을 읽는 사람이 점점 줄어들고, 지역에서 1인 출판사를 하는 건 더 막막한 일임이 분명하지만, 그래도 책으로 할 수 있는, 책만이 할 수 있는 일이 있다고 믿어서다.

낯선 도시, 서울

경상남도 소도시에서 나고 자라 열아홉 살에 서울에 '올라'온 후 20년 가까이 서울에서 살았고, 내내 어색했다. 서울은 내게 너무 크고 버거웠기 때문이다. 중학생 때까지는 평범한 모범생이었다. 학교-집-학원-독서실 루트, 가끔 엄마와 함께 간 부산 시내가 내가 경험하는 가장 큰 바깥세상이었다. 나를 둘러싼 세계는 안전했고, 굳이 크기를 가늠하거나 더 멀리 나아가고 싶다는 생각도 하지 않았다.

안전하고 안온한 세계가 깨진 것은 고등학생 때였다. 같은 경상도지만 집에서 멀리 떨어진 거창의 고등학교에 진학했다.

고등학교 시절은 대체로 즐거웠다. 기독교 계열의 '미션스쿨'이라서 전인교육을 지향했다. 전국 각지에서 성적이 좋은 학생들이 모였지만, 학업뿐 아니라 다양한 경험을 통해 올바른 인격을 가진 사람으로 성장하는 것을 더욱 중요하게 여겼다. 팔도에서 온 학생들 대부분이 작고 낡은 기숙사에서 함께 먹고 자고 공부했다. 고등학교에서 좁고 얕았던 나의 세계가 깨지고 확장하는 경험을 했다. 친구들을 통해 비록 작은 땅덩어리지만 이 나라에 정말 많은 지역이 있다는 걸 알게 됐다. 온갖 사투리를 다 들을 수 있었다.

그때도 서울에서 온 친구들은 어딘지 모르게 달랐다. 그들이 입는 옷이나 몸에 밴 태도에서 가끔 위화감을 느꼈다. 해외를 경험한 친구들도 많았다. 여권도 만들어 본 적 없는 나와 달리 해외에서 태어나고 자랐거나, 해외여행을 익숙하게 다녀온 친구들도 있었다. 고등학생인데 토익 시험을 보러 서울에 가거나(지금은 신기한 일이 아니지만 1990년대 후반에는 흔치 않은 일이었다) 수능 시험이 끝나고 해외로 짧은 여행이나 어학연수를 다녀온 친구들도 있었다.

대학에 입학하며 나도 서울로 가게 됐다. 이미 고등학교 때 부모님 집을 떠나왔기 때문에 딱히 독립이나 상경이라는 거창한 느낌은 아니었다. 오히려 이주에 가까웠다. 고등학교 3학년 때 공무원이던 아버지가 퇴직을 했다. 그 후 가세가 기울면서 등록금이 싼 서울의 국립대에 가겠다는 목표를 세웠다. 다행히 수능 점수가 잘 나왔고, 원하는 학교는 아니지만 서울의 대학에 진학했다. 당시 성적으로는 고향 근처 대학에 전액 장학금을 받고 갈 수 있었다. 그런데 가지 않았다. 친척들은 "여자애를 뭘 서울로 대학을 보내느냐(믿기지 않지만 1970년대가 아니라 2001년의 발언이다)"고 한 마디씩 거들었지만, 등록금에 천 원 한 장 더해주지 않는 그들의 말은 내게 아무런 영향을 주지 않았다.

아빠는 퇴직금으로 등록금과 입학금을 내주었지만, 이후 새로 시작한 사업이 별로 신통치 않았다. 결국, 대학생활 내내 대부분의 등록금과 생활비는 엄마가 공장에서 일해서 버는 돈과 나의 과외비, 그리고 장학금으로 감당해야 했다. 하숙비며 생활비며 매달 나가는 돈이 부담스러웠다. 1학년 3월부터 시작한 과외 아르바이트를 졸업할 때까지 계속했다. 다른 아르바이트보다 훨씬 가성비가 좋은 아르바이트였지만, 나는 과외가 싫었다.

비단 경제적으로 여유롭지 않은 상황 때문만은 아니었지만, 열아홉 살에 마주한 서울은 나의 성향과 잘 맞지 않았다. 캠퍼스는 너무 넓었고, 신촌은 너무 번화했다. 일자로 길게 이어진 캠퍼스에서 내가 다닌 단과대는 위쪽으로 끝에 가까웠다. 정문에서 내려 한참을 걸어야 강의실에 도달할 수 있었다. 고등학교 3년 내내 학교에서 5분 거리 기숙사에 살면서 슬리퍼를 신고

낯선 도시, 서울

등교했다. 아침 일찍 일어나 마을버스를 타고 학교에 가는 것도, 긴 캠퍼스를 걸어 올라가는 것도 좀처럼 익숙해지지 않았다.

결국, 정문에서 강의실까지 걸어 올라가다 중도에 포기하고 도서관으로 향하는 날이 많아졌다. 2층 소설 코너에서 온갖 책을 읽었다. 대하소설인 『토지』를 읽은 것도 수업을 빠지니 시간이 많아서였다. 그렇게 1학년 1학기는 도서관과 하숙방에서 보냈다. 밖으로 나갈 엄두가 나지 않았다. 신촌의 인파가 무서웠다. 그때는 정말 '신촌=젊은이의 거리'였고, 사람이 많아도 너무 많았다.

대학을 졸업하고 일본에서 1년을 지낸 후 다시 서울로 돌아왔다. 그 후로는 쭉 서울에서 살았다. 다니고 싶은 회사가, 하고 싶은 일이 서울에 있었기 때문이다. 때로는 홍대 앞이었고, 때로는 강남이었고, 때로는 종로였다. 집 계약 기간에 맞춰 2년에 한 번씩 이사를 다니면서 서울 여기저기를 떠돌았다. 서울에 내 집이 없다는 것은 장점이기도 했다. 회사가 있는 곳을 기준으로 이사하면 되니까. 물론 형편이 여유롭지 않았으니 강남의 회사에 다니기 위해 7호선을 타면 한 번에 갈 수 있는 중랑구로 이사하는 정도가 최선이었다.

오히려 결혼을 하고 남편이 살고 있던 아파트로 이사한 뒤 더 불편해졌다. 하남과 맞닿은 서울 동쪽 끝의 아파트에서 부천과 맞닿은 서울 서쪽 끝의 대학원까지 대중교통으로 왕복 4시간이 걸렸다. 3시간 수업을 듣기 위해 왕복 4시간의 지하철 여정을 견뎌야 했다. 졸업 후 강남에 있는 회사에 취직했지만, 고생스럽기는 마찬가지였다. 땅값 비싼 강남에서 주차장을 이용하는 건 바닥에 지폐를 뿌리는 일이라 여전히 대중교통을 이용했고, 고된 여정이 이어졌다. 사는 곳이 공공임대 아파트라 전셋값이 시세보다 훨씬 쌌다. 그러다 보니 내 회사가 멀다고 그 좋은 조건을 버리고 이사할 수도 없었다.

주소상으로는 서울시민이었지만 심정적으로는 경기도민이었다. 휴일에 종로나 망원에서 약속이 생기면, 심호흡을 크게 하고 출발해야 했다. 아무리 보고 싶은 친구들이라도 카카오 지하철 앱으로 소요 시간을 계산해보면 의욕이 꺾였다. 친구와의 약속과 달리 회사는 미룰 수도 취소할 수도 없었다. 매일 2시간 반에서 3시간을 출퇴근길에서 보냈다. 지치는 날들이었다.

살고 싶은 곳에서 일하기
vs.
일하고 싶은 곳에서 살기

 직주근접. 직장과 주거가 가까운 것을 의미하는 말로, 강남 부동산 불패의 이유 중 하나라고 한다. 좋은 일자리가 강남에 모여있으니 강남 주변, 강남과 가까운 곳의 집값이 오를 수밖에 없다. 결혼 후 강동구에서 구로구에 있는 대학원과, 강남구에 위치한 직장을 다니면서 처음으로 직주근접의 위력을 실감했다. 왕복 4시간 지하철 통학에 질려 부랴부랴 장롱면허를 꺼냈다. 학원 연수를 받고 남편에게 스파르타 교육을 받고 운전을 시작했다.

 직접 운전을 해서 올림픽대로를 지나다니! 뭔가 뿌듯하고 설레는 마음도 있었다. 물론 긴장감과 부담감이 백배 더 컸지만 말이다. 운전을 하면서 내가 서울에 사는 사람이라는 것을 예전보다 예민하게 느끼게 됐다. 강변북로와 올림픽대로, 양화대교 등 서울을 대표하는 고유명사의 지명들을 직접 운전을 해서 다니는 것은 지하철을 타고 신촌역과 을지로3가역, 학동역 같은 역명을 지나치며 다니는 것과는 다른 감각이었다.

강남의 회사에 다닐 때는 주차장을 이용할 수 없었다. 강동구 끝에 살면서 역삼동과 논현동의 회사에 다니기 위해서는 마을버스, 지하철 2~3번 갈아타기, 도보 10분 여정으로 왕복 2시간 반~3시간 통근을 해야 했다. 남편은 더 심각했다. 서초구의 본사에서 일하다 강서구 사무소로 발령을 받아 매일 서울을 횡단했다. 새벽마다 남편이 출근하면서 도어락이 잠기는 소리를 어렴풋이 들으며 다시 잠들었다. 그는 저녁 8시에 퇴근해도 밤 9~10시가 되어야 집에 도착했다. 이것은 서울에서 일하고 사는 사람이라면 누구나 감수해야 하는 것일까? 당연한 것 혹은 어쩔 수 없는 것으로 받아들이기가 어려웠다.

양양은 직주근접이 가능한 물리적 조건이 갖춰진 곳이다. 하지만 시골이라 일할 곳이 적다. 양양은 인구가 3만이 채 안 되는 곳이다. 천만 인구의 서울과 비교하면 정말 말도 안 되게 작은 곳이다. 면적은 오히려 서울보다 넓지만 80% 이상이 산이라 사람이 거주할 수 있는 지역은 훨씬 작다. 동해를 접하고 있고 설악산을 끼고 있지만, 인근의 속초나 강릉만큼 대형 관광지로 성장하지는 못했다. 그런 양양이 최근 서핑을 즐기는 사람들에게 '발견'되어 일부 해변은 놀랍게 변했다. 서울양양고속도로가 완공되어 접근성이 높아지면서 다양한 개발 사업과 환경 개선 사업도 추진되고 있다.

하지만 아직 평범한 시골이다. 기자, 기획자, 편집자로 일해 온 내가 다닐만한 회사나 할 수 있는 일이 없었다. 무엇을 하면 좋을까 생각했을 때 가장 먼저 마음에 담은 목표는 '일에 종속되지 않는 삶'을 꾸려보는 것이었다. 양양행을 결정하고 나서 가장 많이 하는 생각은 '무엇을 하며 살 것인가'였다. 이는 어떻게 돈을 벌어서 먹고살 것인가 뿐만 아니라 하루의 시간을 어떻게 쓸 것인가에 대한 고민이기도 하다. 최근 지역에서의 삶을 계획하는 젊은 사람 중에 공방과 같은 작은 규모의 자영업을 생각하는 사람이 많다. 마땅히 취직할 만한 회사나 좋은 일자리가 없다는 것이 가장 큰 이유다. 혹은 서울이 아닌 곳에서의 삶을 선택하면서 시간과 재량 면에서 유연하게 일하는 방식을 고민한 결과이기도 하다.

이런 고민과 맞물려 일과 삶의 방식에 대한 책을 여러 권 읽었다. 워라밸은 단지 일과 여가의 시간 분배를 적절히 하는 것이 아니다. 내게 워라밸은 일과 삶이 서로 유리되지 않고, 일을 수행하는 주체와 삶을 꾸려가는 주체가 자기 안의 모순에 고통받지 않는 밸런스이다. 그래서 데이비드 프레인의 『일하지 않을

권리』, 와타나베 이타루의『시골 빵집에서 자본론을 굽다』, 케이시 웍스의『우리는 왜 이렇게 오래, 열심히 일하는가?』, 스가쓰케 마사노부의『물욕 없는 세계』등을 찾아 읽었다.『물욕 없는 세계』커버에는 이런 내용이 있었다.

> 정갈하게 살고 싶다.
> 생각과 물건의 공유를 즐긴다.
> 값비싼 것보다 값진 것을 원한다.
> 소소한 일상에서 행복을 발견한다.
>
> 네 항목 중 어느 한 곳에라도 공감한다면 당신은 여가를 갖고
> 일정을 균형 있게 관리하며, 느린 속도로 살면서 가족과
> 더 많은 시간을 보내고, 의미 있는 일을 하면서 자신의
> 가치관대로 살기를 원할 것이다.

언뜻 당연해 보이는 문장들이다. 하지만 도시, 특히 서울에서는 쉽게 가질 수 없는 것들이다. 또는 여기에 공감하지 않기에 도시에서 사는 삶을 선택하고 도시에서도 행복하게 사는 이들도 많다. 나는 딱히 느리게 살고 싶은 건 아니었다. 다만 내 속도로 살고 싶었다. 그것이 세상의 속도, 도시의 속도보다 느릴 수는 있다. 하지만 사는 곳이 달라지면 어떨까. 내 속도가 그곳의

속도보다 느리지 않을 수도 있다.

워라밸을 직주근접의 관점에서 본다면, 살고 싶은 곳과 하고 싶은 일을 하는 곳이 같거나 가까운 것이 가장 좋다. 하지만 많은 사람이 살고 싶은 곳과 하고 싶은 일은 내 차례가 되기 어렵고 이 둘이 나란히 가기란 더 어렵다. 그렇다면 차선은 무엇일까. 하나를 선택하는 것이다. 하고 싶은 일을 하려고 살고 싶지 않은 곳에 살거나, 살고 싶은 곳에서 살려고 하고 싶지 않은 일을 하거나.

양양에서 남편은 작은 목공방을 운영하며 자기고용과 자기경영을 실험하게 될 것이었다. 나는? 솔직히 당시에는 잘 모르겠다는 마음이 컸다. 당연히 공방 일을 돕겠지만, '그것이 온전히 내 일인가? 내가 하고 싶은 일인가?'라고 물었을 때 선뜻 그렇다는 답이 나오지 않았다. 글을 쓰거나 프로젝트를 기획해서 운영하거나 청소년과 함께 공부를 하거나, 몇 가지 선택지를 떠올렸지만 정답으로 느껴지지는 않았다. 물론 가장 원했던 건 로또에 당첨된 백수로 온종일 집에서 책을 읽으며 뒹굴 거리는 삶이었다. 처음으로 매주 로또를 구입했다.

서울에서 20년 가까이 살았다. 대부분의 시간 동안 하고 싶은 일을 하려고 살고 싶지 않은 곳에서 살았다. 다음 20년은 살고 싶은 곳에 살면서 하고 싶은 일을 해보면 어떨까? 혹은 살고 싶은 곳에서 살기 위해 하고 싶지 않은 일을 할 수도 있지 않을까? 내게 하고 싶지 않은 일과 하기 싫은 일은 다르다. 물론 둘 다 남들보다 좀 많다고 생각했다. 불합리하고 부조리한 것을 잘 참지 못한다. 참으면 병이 난다. 그래서 늘 회사 다니는 게 힘들었다. 양양에서 살기 위해 나는 어디까지 참을 수 있고 감당할 수 있을까? 이것이 반드시 하나를 손에 쥐기 위해 다른 하나를 놓아야 하는 제로섬 게임인 걸까? 양양으로 가기 전 서울에서 보낸 시간 동안 자신에게 계속 물었다.

서울이 아닌 곳에서
지금처럼 일할 수 있을까

"노는 게 제일 좋아~" 애니메이션 「뽀로로와 친구들」을 제대로 본 적이 없다. 하지만 이 노랫말은 잘 알고 있다. 인생의 좌우명이다. 장래희망이 나무늘보이고 백수 한량이 체질이다. 몸이 약해 잘 지친다. 그런데 지금까지 늘 어떤 일을 할까, 무슨 일로 먹고살까 고민했다. 늘 일을 했다. 아빠가 퇴직금으로 내준 대학 첫 학기 등록금이 처음이자 마지막으로 걱정 없이 내 본 등록금이었다. 사립대 등록금과 자취 생활비를 감당하려면 장학금과 아르바이트는 필수였다. 학교가 너무 싫어 수업은 안 가도 장학금 때문에 시험공부는 열심히 하고 리포트도 열심히 썼다. 자퇴

를 하고 싶었지만 엄마를 생각하며 버텼다. 엄마에게 학사모를 씌워주고 싶었다.

아르바이트는 대개 과외였다. 일주일 4시간 기준으로 한 달에 30만 원. 월세를 내고 나면 끝이었고 힘들었지만, 그때는 어쩐지 쉽게 버는 돈처럼 느꼈다. 졸업을 한 학기 남기고 휴학했다. 동네 돈가스 가게에서 서빙 아르바이트를 했다. 몸이 힘들고 시급은 터무니없이 적고 딱히 보람도 없었지만, 나름 재미있었다. 졸업 후 일본으로 가서 한식당, 패밀리 레스토랑, 편의점에서 외국인 노동자로 일했다. 한국에 돌아와 정규직과 프리랜서를 오가며 잡지 기자와 마케팅 기획자, 콘텐츠 스타트업 프로젝트 매니저, 보도자료 작가, 조교, 학원 강사 등 여러 일을 했다.

내게 일이란 대체 무엇이었을까? 특별히 어떤 일이 하고 싶다거나 어떤 직업을 갖고 싶어 취업한 적은 없다. 저 사람들이 만드는 것을 같이 만들고 싶다는 생각에서, 혹은 돈을 벌어야 하는데 좋아하지는 않지만 할 수 있는 거 같은 일 중에 상대적으로 재미있는 걸 찾았다. 어떤 이유로 시작한 일이든 열심히 했다. 몸에 밴 모범생 근성이었다. 일 못한다는 소리를 듣기 싫었고, 함께 일하는 동료에게 폐를 끼치고 싶지 않았다. 동시에 부당한 지시를 잘 참지 못했다. 늘 얼굴이 굳어졌다.

스물일곱 살에 다시 신입으로 들어간 광고회사의 송년회 자리에서 와인을 마시고 보라색 폭포수를 쏟아냈다. 처음으로 길에 토했다. 잘 웃지 않고, 술을 잘 마시지 않고, 시답잖은 농담을 싫어하는 여자 사람이 회사 생활을 잘하기란 쉽지 않았다. 그래서 프리랜서 생활이 더 잘 맞았다. 혼자 일해도 시간 배분을 잘하는 편이고, 마감을 잘 지켜서 큰 어려움이 없었다. 동료와 함께 일하면서 느끼는 동지애나 성취감도 좋아하지만, 그게 프리랜서 생활보다 더 좋지는 않았다.

하지만 양양행을 결정하고 정규직 취업을 제외한 일의 선택지를 앞에 두고 자주 아득한 기분을 느꼈다. 10년 넘게 사회생활을 하면서 프리랜서 생활도 꽤 했지만, 서울이 아닌 곳이라는 제약은 컸다. 게다가 글을 쓰고 파는 프리랜서의 불안정성은 더욱 컸다. 퍼블리를 그만두었을 때는 양양행이 1년 조금 넘게 남았을 시점이었다. 다시 취업해야 할지, 아니면 양양에서 뭔가를 시작하기 위해 서울에서 새로운 걸 배워야 할지 마음이 조급했다.

"제빵을 배워볼까? 빵을 좋아하고 케이크를 사랑하니까. 디자인 프로그램을 배워둘까? 글은 쓸 수 있으니 일러스트나 인디자인을 배워두면 쓸모가 있을 테니까. 커피는 어때? 무엇을 하든지 커피를 함께 팔면 좋을 테니까." 남편에게 이야기한 나의 계획들이었다. 그런데 돌아온 답은 늘 같았다. "택도 없다." 서운했다. 그는 빈말을 하지 않는 사람이다. 연애할 때부터 지금까지 농담으로라도 하늘의 별도 달도 따주겠다는 약속을 하지 않는 사람이다. 그래서 신뢰하지만 그때는 서운했다. 물론 "너라면 뭐든 할 수 있어!" 같은 아무 영양가 없이 입에 발린 소리를 기대한 건 아니었다. 다만 당시 서른다섯 살이란 나이와 무딘 혀와 둔한 손이라는 반박할 수 없는 이유를 딱 꼬집어 제시하며 "택도 없는 일"이라고 할 것까지 없지 않나 싶었다. 하지만 알고 있었다, 그 말이 맞는다는 것을. 인정하는 동시에 남편이 부러웠다.

프리랜서 기획자로서 미팅을 앞두고 급히 명함이 필요했을 때 남편이 포토샵으로 뚝딱 만들어줬다. 포토샵은 크롭밖에 못하는 나로서는 그것만으로도 대단했지만, 그는 성에 차지 않는 얼굴이었다. 인쇄된 명함을 보더니 파일이 깨졌다며 일러스트를 배워야겠다고 했다. 유튜브 동영상을 찾아보면서 공부를 하더니 며칠 뒤 태블릿을 사고 싶다고 했다. 태블릿이라니! 나도 동경했던 물건이다. 쓸 줄도 모르면서 갖고 싶은 물건, 누구나 있지 않나. 기쁜 마음으로 샀다. 며칠 동안 태블릿에 쓱쓱 이것저것 그려보고 눌러보고 하더니 금세 어설프게나마 그림을 그리기 시작했다. 정말 부러웠다.

남편이 목공을 시작할 때 기쁘면서 부러웠다. 목공도 원래 내가 관심 있어 하던 분야로 그는 내가 권하기 전에는 전혀 생각해보지 않았다고 한다. 그런 것치고는 참 잘하고 빨리 늘었다. 재능을 발휘할 수 있는 분야에서 눈부시게 성장하는 사람을 곁에서 지켜보면서 기쁜 마음과 더불어 부러움에서 비롯한 초조함이 함께 커졌다. 내가 먼저 목공을 동경했지만, 남편이 배우는 모습을 지켜보면서 재능의 차이를 확인했다. 무언가를 시작할 때 재능이 전부는 아니지만, 그것이 취미가 아니라 일이라면 가장 중요한 요소다. 실력이 쑥쑥 느는 모습을 보면서 배우자는 라이벌이기도 하다는 말을 떠올렸다.

> 인생 최대의 라이벌은 아내가 아닌지 모르겠네요. 이유는 결혼한 사람들은 대개 공감하지 않을까 싶은데, 말하자면 나의 또 다른 욕망, 나의 또 다른 선택 가능성을 표상하는 존재가 아내라고 할 수 있지요.

문재인 대통령이 예전에 "나의 라이벌은?"이란 질문에 한 대답이라고 한다. 무척 공감했다. 우리는 연애 기간이 길지 않았고 비혼 계획에서 급전환한 결혼이라, 내가 남편에게 어떤 욕망을 투영했는지 알지 못했다. 정확히는 관심이 없었다. 서로 외모가 취향이었던 것도 아니고 성격과 성향은 정반대였다. 나는 마르고 유약한 느낌의 흐릿한 인상을 가진 사람에게 매력을 느꼈다. 우스갯소리로 일제 강점기 룸펜 외모를 이상형으로 꼽았다. 그런데 남편은 이목구비가 뚜렷하고 몸집이 크다. 그 역시 키가 작고 귀여운 인상을 선호했지만, 나는 대한민국 남성 평균 키보다도 크고 귀여움과는 거리가 멀다. 우리는 서로에게서 무엇을 보았던 걸까. 함께 살면서 점점 깨달았다. 내가 이 사람에게 반한 이유, 무려 결혼이라는 걸 하겠다고 결심한 이유에 '나의 또 다른 욕망', '라이벌'로서 그가 가진 재능과 성정이 있다는 것을.

회사를 그만두고 양양행을 1년 앞두었던 2017년 겨울은 그 어느 때보다 일하는 사람으로서 정체성에 대해 많이 고민한 시기였다. 서울이 아닌 곳에서 산다는 것의 두려움을 크게 느낀 시기이기도 했다. 서울을 떠나기로 결정했을 때 여기서 누릴 수 있는 것, 서울만이 가진 인프라를 잃는다는 건 그다지 큰 문제가 아니었다. 지하철을 타면 어디든 갈 수 있고, 한강이 있고, 골라서 갈 수 있는 병원이 있고, 수많은 영화와 공연이 매일매일 극장을 가득 채우는 서울을 잃는 건 그다지 두렵지 않았다. 일하는 사람으로서 내가 서울이 아닌 곳에서 무엇을 할 수 있는가 질문했을 때 답이 없다는 게 가장 두려웠다.

어떤 일을 할 것인가? 이 질문 앞에서 가장 중요한 기준은 내가 무엇을 할 수 있는 지이다. 어쩌면 무엇을 하고 싶은가보다 더 중요하다. 게다가 서울이 아니라는 점, 새로운 일을 시작하기에 적지 않은 나이였다는 점, 절대로 하기 싫은 일에 대한 꽤 까다로운 기준이 있다는 점, 이 모든 것을 다 더했을 때 내가 할 수 있는 일은 무엇인가 생각하면 막막했다. 목공, 제빵, 커피,

디자인이 결국 내 일이 아닌 이유도 여기에 있었다. 그때는 글 쓰고 기획하는 일을 해 온 지식노동자가 인구 3만이 안 되는 시골에서 할 수 있는 일은 정말 하나도 없는 것 같았다.

이력서가 지저분한 글쓰기 노동자

일에 대한 고민은 늘 갖고 있었다. 정년이니 연금이니 노후보장이니 하는 것이 낯선, 오히려 유동성과 불안정성이 기본값인 시대를 살아가고 있으니 당연하고 흔한 고민이기도 했다. 게다가 '글 쓰는 사람'이라는 부분이 일하는 자아의 정체성에서 크게 차지하고 있다 보니 더 발밑이 얇게 느껴졌다.

하고 싶은 것도, 되고 싶은 것도 없이 대학을 졸업하고 스물다섯 살에 첫 직장에 들어갔다. TV를 중심으로 대중문화를 진지하게 다루는 잡지 『매거진t』였다. 태도가 진지했다는 의미로, 기획이나 글의 방향성에 있어 재기발랄함이 중요한 곳이었다. 일하는 직업인과 사회의 구성원인 시민으로서 나의 능력과 한계, 태도와 마음가짐, 관계와 가능성, 이 모든 것에 가장 많은 영향을 준 곳이었다. 고등학생 때 학보사 국장까지 했고, 신문방송학과를 졸업한 사실이 무색하게도 기자가 되고 싶었던 적은 없었다. 그저 내가 재미있게 읽고 있던 잡지에서 사람을 뽑고, 그 자리가 기자여서, 그렇게 기자가 되었다.

돌이켜보면 가장 아쉬움이 많이 남는 시절이기도 하다. 좋은 사람들을 만났지만, 나의 고민을 적절한 방법으로 솔직하게 나눌 수 있는 용기도 지혜도 없었다. 방송 현장을 가장 가까이에서 취재할 수 있고, 대중이 궁금해하는 인물을 직접 만나 대화할 수 있는 일이었다. 하지만 내성적인 신입 기자에게는 버겁고 무거운 일이었다. 당시 맡은 고정 기사는 매주 방송 프로그램 현장을 방문해서 스케치 취재를 하는 것이었다. 미니시리즈, 일일드라마, 예능 프로그램, 홈쇼핑 현장 등 수많은 곳을 찾아다녔다. 재미보다 어려움이 컸다. 몇 시간씩 현장에서 대기하는 일도, 불청객처럼 대하는 스태프들의 시선을 피해 취재를 하는 일도, 그때는 참 어려웠다. 무엇보다 글을 쓰는 것은 희열과 좌절을 양어깨에 메고 가는 작업이었다. 글쓰기의 어려움을 제대로 맛본 1년이었다.

마음 가득했던 동경이 독이 되어 결국 그곳을 떠났다. 그 후 프리랜서 칼럼니스트와 수학학원 보조강사로 일하며 대한민국의 웬만큼 이름난 대기업에는 다 원서를 넣어보았다. 서류 전형은 대체로 통과했지만, 인·적성 검사에서 족족 떨어졌다. 그래서 나는 대한민국 인·적성 검사의 신뢰성에 굉장히 높은 점수를 준다. '나 같은 사람을 걸러내다니, 역시 허투루 만든 게 아니군!' 이라는 마음이랄까. 이름난 회사에 들어가 평범하게 안정적으로 살고 싶다는 생각만으로 여기저기에 원서를 막 날리던 시절이었다.

1년의 방황 끝에 광고회사의 AE가 되었다. 일본의 하쿠호도와 파트너인 독립광고회사였다. 광고 일은 생각보다 재밌었고 생각보다 어려웠다. 늘 새로운 분야를 배운다는 게 가장 재밌었다. 새로운 비딩에 참여하면 그 브랜드나 회사가 속한 산업 분야 전반을 거칠게나마 공부할 수 있다. 골프장 비딩에 참여하면서 처음으로 CC(Country Club)라는 곳에 가보았다. 골프라니! 동경은커녕 관심도 없었던 분야다. 하지만 광고기획의 시작은 브랜드가 속한 시장을 파악하는 일에서 출발한다. 골프에서 18홀이 갖는 의미, 운동으로서 골프의 장점, 사교 문화에서 골프의 역할 등 막연하게 이미지만 갖고 있던 골프라는 것의 실체에 조금이나마 다가가 볼 기회였다.

그래서 광고가 재밌었다. 광고 기획 일은 미디어에서 그려지거나 사람들이 생각하는 것처럼 '크리에이티브'한 일은 아니다. 정확히 말하자면, 광고에서 '크리에이티브하다'는 것은 순간의 영감이나 재기, 세상에 없던 발견이라기보다 구조적이고 논리적인 추론 과정에 가깝다. 제작 파트가 아닌 기획 쪽은 더욱 그렇다. 한편으로는 광고가 힘들었다. 광고 기획 일의 본질에 '영업'이 있기 때문이었다. 주니어 직급에서 직접 RFP(Request For Presentation)를 따 오는 영업을 할 일은 없다. 다만 직급에 상관없이 AE는 광고주라는 갑과의 관계에서, 그리고 맡은 프로젝트를 시장에 '포지셔닝'하는 입장에서 언제나 소위 말하는 '영업 마인드'를 장착하고 있지 않으면 안 된다. 비딩을 준비하면서 시장과 브랜드를 학습하고 기획의 구조를 짜는 일은 즐거웠지만, 막상 비딩을 따 온 뒤 광고주와 커뮤니케이션을 하는 일이 정말 어려웠다.

어쨌든 이후 기자와 기획자는 나의 커리어에 있어 중요한 두 기둥이 되었다. 광고회사를 나와서 다시 잡지 기자가 되었고, 잡지사를 나와서 다시 홍보회사 AE가 되면서 커리어를 이어갔다. 스물아홉 살에 다시 잡지 기자가 되었을 때는 섭외 전화와 인터뷰, 현장 취재가 신입 때만큼 두렵지 않았다. AE를 하면서 단련했기 때문이다. 다시 AE가 되어 과장과 차장이라는 직급이 되었을 때는 광고주의 무리한 요구나 잔잔한 갑질에 신입 때만큼 상처받지 않았다. '짬바(짬에서 나오는 바이브)'라는 게 이런 거구나 싶었다.

한 회사를 오래 다니지는 않았다. 직장인과 프리랜서를 교차

했다. 잡지 기자의 경우 업계 특성상 조직의 안정성이 떨어지는 이유로 오래 다닐 수 없었다. 물론 직장인으로서 내가 참을성이 부족한 이유도 있었다. 견딜 수 없는 게 늘 너무 많았다. 남들도 다 이런 건 힘들다고, 그래도 다 견딘다고 하는 말이 나를 붙잡지 못했다. 결국 나는 소위 말하는 이력서가 지저분한 사람이 되었다.

일과 회사 생활은 2, 30대 내내 가장 큰 숙제이자 고민이었다. 40대를 눈앞에 둔 지금까지도 정답은커녕 나만의 답도 명확하게 내리지 못했다. 일하는 사람으로서 나의 강점과 약점은 너무 명확하고, 일하는 재미와 연봉은 늘 반비례했다. 좋은 동료와 재미있는 일을 하는 조직은 급여가 형편없고 조직의 안정성이 떨어졌다. 대화를 이어가기 힘든 상사와 숨 막히는 일을 하는 조직은 월급이 많았다. 더욱 본질적인 문제는 직업인으로서 윤리와 시민으로서 윤리가 충돌하는 일이 잦을 때였다. 많은 경우 참거나 회피했다. 보고도 못 본 체한 적도 있고, 알고도 모른 체한 적이 있다. 그럴 때마다 내 안에 찌꺼기 같은 게 쌓여갔다. 나를 훼손하지 않고 일하고 싶었다. 예민한 내가, 불편함을 느끼는 내가 틀린 거라고 자신에게 말하고 싶지 않았다.

월급에는 모욕을 감내하는 비용도 포함된 거라고 말하는 이들도 있다. 치사하고 더럽지만, 그게 직장이라고 우리는 자조하듯 말하기도 한다. 그런데 정말 그런 걸까? 30대가 되어 중간

관리자 직급이 되면서 더 자주 묻게 되었다. 정말 이대로 괜찮은 걸까? 20대 후배들이 조직에 갖는 불만과 문제의식에 공감하면서도, 다른 길이 있다는 걸 보여주지 못할까 봐 불안했다. 나중에 40대가 되고 직급이 높아졌을 때, 내 앞의 저 비겁한 상사들처럼 될까 봐 두려웠다.

뒤늦게 대학원에 가서 다시 공부를 시작한 이유도 이 때문이었다. 홍보회사의 과장이었고, 혼자 살기에 충분히 여유로운 월급을 벌고 있었다. 하지만 일이 너무 많았고, 클라이언트인 대기업의 5분 대기조로 사는 게 벅찼다. 회사 바로 옆 건물에 있던 병원의 단골 환자가 되었다. 결국 과로로 대상포진에 걸려 휴직을 했다. 복귀하고 나서도 탈출하고 싶다는 생각이 컸다. 더 이상 회사라는 조직에서 일하고 싶지 않았다. 공부에 아쉬움이 남기도 했고, 기회가 된다면 학교에 남아 연구를 해도 좋겠다고 생각했다.

커리큘럼과 교수진을 보고 대학원을 선택했다. 통학 거리가 멀다는 것과 학식 맛이 별로라는 것 외엔 즐거운 2년이었다. 연구소 사람들과 대화하는 게 즐거웠다. 나 한 사람의 안위와 행복만을 위해 사는 것도 충분히 어렵고 벅찬 세상에서 사회구성원으로서 시민의 역할과 책임을 고민하는 사람들이었다. 세간의 대학원생 밈(meme)이 무색하도록 교수님들은 학생들을 존중하려고 애쓰는 분들이었다. 다만 석사 논문을 쓰면서 박사 과정에 대한 열망이 식어갔다.

공부가 어렵고 막막한 것도 이유였지만, 학계의 글쓰기 방식이 너무 제한적이라고 느꼈다. 나는 잡지에서 일하던 글쓰기 노동자가 산업의 불안정성과 매체 영향력이 사라지는 상황에서 어떤 커리어 패스를 이어가는지에 대한 연구를 했다. 석사 논문의 첫 제목은 '그 많던 잡지 기자는 다 어디로 갔을까'였다. 당연히 박완서 작가의 『그 많던 싱아는 누가 다 먹었을까』에서 따 왔다. 하지만 지도 교수님께서 논문 제목을 그런 식으로 할 수는 없다고 했다. 최종 제목은 「다변화하는 플랫폼을 종횡하는 문화비평 노동자에 대한 연구」가 되었다.

비록 아무짝에도 쓸모없다는 석사 학위로 끝났지만, 대학원에서의 시간은 내가 서울이 아닌 곳에서 사는 데에 큰 영향을 주었다. 내가 공부한 '문화연구'는 전 지구화, 포스트 식민주의, 젠더, 페미니즘, 소수자, 미디어, 대중문화 등 다양한 분야를 총망라한다. 그래서 한 마디로 무엇을 공부하는 학문이라고 설명하기 어렵기도 했지만, 다양한 학제간 연구를 통해 폭넓은 시야를 가질 수 있는 장점이 있다. 제도권 내에서 명확한 분야를 확보하기 어려운 대신 경계 너머를 상상하고 실천하는 학문이기도 하다. 실제로 대학원에서 함께 공부한 사람들을 통해 '서울에서의 삶'이라는 정상성 혹은 정형성 바깥의 삶을 엿볼 수 있었다. 그리고 그것이 나도 모르는 사이에 서울이 아닌 곳에서의 삶을 선뜻 결정하는 힘이 되지 않았을까 생각한다.

상상에도 토대가 필요하다

양양행을 결정한 뒤 일과 삶에 있어 전환을 앞둔 만큼 다양한 사례를 일부러 찾아다니기도 했다. 2017년에 참가한 '시골생활 컨퍼런스'도 그중 하나다. 페이스북에서 우연히 발견한 행사였는데 지리산 지역에서 귀촌, 귀농 생활을 하는 분들이 직접 이야기를 들려주는 자리였다. 비교적 나이가 젊은 청년 패널이 많다는 데 끌렸다. 가부장적 농촌 사회에서 관습적으로 노동을 착취당하다가 나름의 방식으로 페미니즘 실천을 수행하고 있는 분, 먼저 귀촌한 분들이 마련한 청년 활력 기금으로 한 달에 50만 원씩 일 년간 지원을 받은 청년, 농사 펀드를 통해 도농교류

사업을 진행하고 있는 농촌 기획자 등 발제자의 이야기가 흥미로웠다.

가장 인상적인 패널은 완주숙녀회 이보현 씨였다. 원체 말을 재밌게 하는 분이기도 했고, 완주가 조금 익숙해서이기도 했다. 완주에 귀촌해서 게스트 하우스를 하는 분과 대학원에서 함께 수업을 들은 적이 있었기 때문이었다. 광주와 전주에 한 번씩 가본 것 외엔 전라도에 가본 적이 없다 보니 완주라는 지명을 처음 들었다. 사람 이름 같은 지명이 마음에 들었다. 완주는 최근 청년 귀농이 활발한 곳으로 방송에서 소개되기도 했다. KBS 다큐멘터리 「사람과 사람들」에서도 완주 귀촌 청년을 다룬 적이 있었다.

그때는 양양 이주를 결정하기 전이었다. 당시 남편은 서울 전역에 더해 하남, 파주, 일산까지 매일 이동하면서 외근을 했다. 수요일은 집에서 가까운 하남 담당이라 평소보다 퇴근이 일렀다. 평일 중 유일하게 함께 저녁을 먹으며 「사람과 사람들」을 보는 것이 우리만의 의식이었다. 그 프로그램에서 다양한 삶의 방식을 만났다. 기본적으로 산이나 섬을 비롯해 시골 생활을 하는 등장인물이 많았다. 도시에서의 커리어를 놓고 제2의 일을 꾸려가는 경우도 많았다. 세계 여행을 다녀온 부부 이야기도 종종 있었다.

함께 방송을 보면서 "세계 여행을 가려면 돈이 얼마나 들까?" "1년만 갔다 올까?" 같은 대화를 하곤 했다. 우리는 신혼여행으로 미국 서부를 자동차로 여행했다. 고생스럽기도 했지만 좋았다. 그래서 먼 나라에 가서 한 달 이상 장기 여행을 하는 게 우리 부부의 희망 사항이었다. 서울에서 사는 노동자 부부였으니 돈보다는 시간이 없어 여행을 못 하는 상황이었다. 회사를 그만두지 않으면 한 달은커녕 이 주일 정도의 여행도 갈 수 없는 처지였다.

「사람과 사람들」은 「인간극장」 유의 휴먼 다큐멘터리지만, 비교적 담담하게 바라보는 시선이 좋았다. 이후 양양에 집을 사고 탈서울을 진지하게 고민하면서, 「사람과 사람들」 속 다양한 삶의 풍경은 우리에게 좋은 교본이 되었다.

쉽고 흔한 말이지만 다양성은 중요하다. 삶의 방식에서도 다양성은 중요하다. 그리고 상상에도 토대가 필요하다. 다양한 삶의 방식에 대한 지식과 경험이 필요하다. 많이 알아서 다른 선택을 하지 못하는 경우도 있지만, 알지 못해서 다른 삶을 꿈꾸지 못하는 경우도 많다.

내 삶의 여정에 고등학생 시절이 중요한 의미가 있는 것도 이 때문이다. 중학생 때까지는 그저 학교 열심히 다니고 선생님 말씀 잘 듣고 시험 잘 봐서 서울대에 가는 게 당연하다고 생각했다. 그런데 '직업 선택의 십계' 같은 것을 알려주는 고등학교에 다니면서 세상에는 내가 알지 못하는 다른 길도 있다는 걸 배웠다. 언론에 여러 번 소개된 적 있는 '직업 선택의 십계'는 고등학교의 강당 뒤편에 걸린 작은 액자 속에 적혀 있는 글귀였다.

하나, 월급이 적은 쪽을 택하라.

둘, 내가 원하는 곳이 아니라 나를 필요로 하는 곳을 택하라.

셋, 승진 기회가 거의 없는 곳을 택하라.

넷, 모든 조건이 갖추어진 곳을 피하고
처음부터 시작해야 하는 황무지를 택하라.

다섯, 앞을 다투어 모여드는 곳은 절대 가지 마라.
아무도 가지 않은 곳으로 가라.

여섯, 장래성이 전혀 없다고 생각되는 곳으로 가라.

일곱, 사회적 존경 같은 건 바라볼 수 없는 곳으로 가라.

여덟, 한가운데가 아니라 가장자리로 가라.

아홉, 부모나 아내나 약혼자가 결사반대를 하는 곳이면 틀림이 없다.
의심치 말고 가라.

열, 왕관이 아니라 단두대가 기다리고 있는 곳으로 가라.

기독교 이념을 바탕으로 인성 교육을 주창하는 학교에서 성경의 십계에 빗대 만든 것이었다. 솔직히 말해 학교에 다닐 때는 지금보다 더 십계에 무관심했다. 지금도 저 십계와 상관없는 삶을 살고 있다. 다만 극단적인 대비를 통해 학생들에게 알려주고 싶었던 게 무엇인가를 지금은 알 것 같다. 고등학교 3년 내내 자연스레 배운 것이 은연중에 내 삶의 어떤 부분에 영향을 미쳤고, 무엇보다 세상을 바라보는 시선에 다양한 방식이 있다는 걸 알려준 것은 분명하다. 지나고 나서 돌아보니 더욱 감사하고 소중한 토대였다.

이런 토대도 다양한 방식으로 필요하다. 성장 환경을 좌우하는 인프라, 제도와 지원도 토대의 일부다. 수도권이 아닌 지역의 청소년은 미래를 상상하는 데 제약이 있을 수밖에 없다. 내가 다닌 고등학교는 비록 지역에 있었지만, 전국에서 학생들이 모이는 곳이었다. 교육 방침이 일반적인 고교 교육과 달랐기에 다른 경험을 할 수 있었다. 지방 소도시인 고향의 고등학교에 진학했다면 배울 수 없었던 것을 그곳에서 배웠다. 한편으로는 모교 역시 지역의 학교이기에 한계가 분명했다. 사교육을 권장하지 않는 이념과 별개로 사교육을 할 수 있는 인프라 자체가 부족해서 수능 성적과 대학 진학률만 놓고 본다면 서울의 소위 명문 학교에 뒤질 수밖에 없었으니 말이다.

서울을 경험하는 것도 마찬가지가 아닐까. 내가 서울을 떠나는 선택을 할 수 있었던 것도 서울을 경험했기에 가능한 것이었다. 한국을 벗어나는 것도 마찬가지다. 남편은 결혼 전에 해외여행을 간 적이 없었다. 딱히 해외여행을 가고 싶다거나 가야 한다고 생각하지 않았다고 했다. 서른일곱 살에 신혼여행으로 간 미국이 남편의 첫 해외 경험이었다. 두 번째 해외여행은 여름 휴가로 함께 다녀온 일본이다. 그는 미국도 일본도 가기 전에 생각했던 것과 다른 게 많았다고, 그래서 흥미로웠다고 했다.

남편은 내가 살면서 만난 이들 중 가장 똑똑한 사람 중 한 명이다. 공부를 잘한다거나 좋은 대학을 나왔다거나 좋은 직장에 다녔다는 의미가 아니다. 머리가 좋고 아는 게 많은 사람이다. 특히 내가 모르는 분야에 대해 다양한 지식을 갖고 있다. 이를테면 나는 책을 많이 읽어서 아는 게 많고, 그는 실제 몸으로 경험해서 아는 게 많은 사람이다. 그런 그도 해외여행을 해보지 않았기에 알지 못하는 것이 있었다. 더 정확히 말하자면 해외여행을 욕망하는 삶을 살아오지 않았기에 상상하지 못하는 세상의 여러 면이 있었다.

국내 여행보다 해외여행이 더 좋고, 외국을 많이 다녀보면 좋다는 게 아니다. 생각의 경계가 확장되는 경험을 위한 요소의 하나로서, 다양한 삶의 방식을 목격하는 것이 의미 있다는 것이다. 나 역시 미국 여행은 처음이었다. 영화도 꽤 보고 소설도 꽤 읽어서 미국이 큰 나라라는 건 알고 있었지만, 실제 자동차 여행을 하면서 눈으로 확인한 미국의 크기는 상상 이상이었다. 가도 가도 끝없이 이어지는 고속도로와 양옆으로 끝이 보이지 않게 펼쳐진 땅을 보면 이런 곳에서 나고 자라서 사는 사람은 세상의 크기를 느끼는 방식이 나와는 다를 수 있겠구나 싶었다.

한편으로 미국은 땅이 워낙 넓어 태어나서 죽을 때까지 고향을 한 번도 벗어나지 않는 사람도 매우 많다고 하니, 그것 역시 주어진 환경의 차이에서 비롯된 것일 수 있겠다 싶어 신기했다.

서울을 벗어나는 것에서도 살아온 환경과 토대의 차이가 영향을 주었다. 나는 서울에서 사는 것이 당연하다고 생각한 적은 없지만, 서울이 아닌 곳에서 살아보자는 생각을 할 수 있기까지는 20년 가까운 시간이 걸렸다. 동시에 내가 서울이 아닌 곳에서 살기로 결정한 것이 주위 사람들의 생각이나 우려만큼 '큰일'은 아니었다. 이는 내가 지역에서 나고 자란 후 서울에서 살기 시작한 것이나 대학 졸업 후 일본에서 1년 동안 생활한 것, 서울에서 사는 동안 고정된 주거지에서 안정적으로 생활하지 않은 것 등이 복합적으로 작용한 결과다. 특히 일본에서의 경험이 결정적이었다.

하고 싶은 것도, 되고 싶은 것도 없던 대학 졸업반 때 일본 워킹 홀리데이에 합격했다. 졸업식 3일 후 아는 사람이 단 한 명도 없던 일본으로 혼자 건너갔다. 일본 문화에 관심을 가져 시작한 일본어 공부를 좀 더 제대로 해보고 싶은 마음도 있었지만, 더 큰 이유는 몇 번의 짧은 여행으로 경험한 도쿄라는 도시가 나랑 잘 맞을 것 같아서였다. 외국인 노동자로 일하면서 쉴 때는 공연이나 영화를 보고 짧은 여행도 다니면서 생활했다. 당시 일본은 9 to 6의 정규직 근로자가 아닌 단기 시간제 노동자도 쉽게 일자리를 구하고 생활에 어려움을 겪지 않는 환경이었다.

일본은 '프리타(프리+아르바이터)'라는 신조어가 만들어졌을 정도로 고정적인 직업 없이 생활하는 사람이 많다. 물론 버블 시대에 처음 프리타가 등장했을 때와 경기 침체가 장기화하는 1990년대 이후의 프리타는 조금 달랐다. 전자가 조직 생활을 거부하고 취미 활동을 위한 자유로운 시간을 확보하기 위해 파트타임 일자리를 선택했다면, 후자는 장기불황 속에서 신자유주의가 주창하는 노동 시장의 유연성이 일자리의 불안정으로 이어지면서 구조화된 결과이다.

내가 일본에서 생활했던 2006~2007년에도 프리타는 불안정 노동자의 다른 이름이었지만, 적어도 한국에서 일하는 것보다는 훨씬 높은 시간당 임금을 받았다. 무엇보다 도쿄는 외로움을 별로 느끼지 않는 사람이 혼자 살기에 썩 좋은 곳이었다. 적절한 거리를 유지하고 서로에게 폐를 끼치지 않으려는 태도를 몸에 익힌 사람들 속에서 나는 적당히 편안했다.

그렇게 일본에서 소속 없는 외국인 노동자로 생활한 1년은 이후 서울로 돌아와 직장을 찾거나 살 곳을 고를 때도 영향을 주었다. 나를 아는 사람이 없는 곳에서 익명의 누군가로 오직 나 하나만을 먹이고 입히고 키우며 살아갈 수 있다는 감각을 경험했기 때문이다. 나는 역마살이 끼었다고 할 만큼 자유롭게 떠다니며 살고 싶은 사람은 아니다. 하지만 어딘가에 뿌리 내리고 가족이나 친구와 얼굴을 마주하고 일상을 공유하는 데서 안정감을 느끼는 사람도 아니다. 소중하게 생각하는 소수의 사람과 물리적, 정서적 관계를 이어갈 수 있으면 충분하다. 가족이 있는 고향을 쉽게 떠나올 수 있었던 것도, 친구가 있는 서울을 쉽게 떠날 수 있었던 것도 이런 나의 성향 때문이었다.

가볍고 산뜻한 사람

서울이 아닌 곳에서 살기로 결정했다는 이유만으로 누군가는 부러워하고 어떤 이는 걱정했다. 처음에는 조금 당황했다. 이게 그렇게까지 큰일인가? 우리가 너무 쉽게 결정했나? 이민을 가는 것도 아니고 겨우 차로 2시간 남짓한 거리로 이사를 가는 건데? 거기도 사람 사는 곳인데 둘이서 굶기야 하겠어? 30분 만에 집을 사고 양양행을 결정한 게 대-중-소로 따지자면 나에게는 '중' 자 사건이었는데, 주위 사람들에게 오히려 '대' 자 사건인 모양이었다. 덕분에 내가 뭘 잘못 생각한 거나 놓친 게 있나 고민해보기도 했다.

양양에서 사는 게 괜찮은 걸까, 스스로 걱정이 될 때는 예전에 친구가 한 말을 떠올렸다. 대학 동기인 친구는 졸업 후 쌍꺼풀 수술을 했다. 수술 전에도 크고 예쁜 눈이라 쌍꺼풀이 꼭 필요한 것도 아니었다. 그래서 할지 말지 고민하던 친구는 이런 마음으로 결정했다고 한다. '지난 25년 동안 쌍꺼풀 없는 눈으로 살았으니까 앞으로 인생은 쌍꺼풀 있는 눈으로 살아보자.' 그 말이 참 산뜻하게 들렸다. 극적인 외모의 변화를 기대하거나 기능적 문제를 개선하는 게 아니라도, '이렇게 살아왔으니 앞으로는 저렇게도 살아보지 뭐'하는 정도의 마음으로도 쌍꺼풀 수술을 할 수 있는 거니까. 나도 '서울에서 오랫동안 살아봤으니까 앞으로는 서울 아닌 곳에서도 살아보자'라는 마음 정도로 서울을 떠나고 싶었다.

본질적으로 내가 바란 건 '가벼움'이었다. 굳이 가벼운 사람과 무거운 사람으로 나눈다면 나는 '무거움'에 가까운 사람이다. 내향적이고 말수가 적으며 표정도 다양하지 않고 농담을 재밌게 하지 못한다. 어려서부터 침착하다, 어른스럽다, 진지하다는 평을 자주 들었다. 체력이 약하고 잔병치레를 많이 해서 에너지를 아끼는 방향으로 몸이 적응하다 보니 그렇게 보였을 수 있다. 그저 에너지가 딸려서 여러 사람과 함께 하는 활동보다 혼자 있는 시간을 더 좋아하다 보니 책을 좋아하고 이런저런 생각을 많이 했다.

그래도 어릴 때는 의욕이 큰 편이었다. 경상도 사투리로 '애살'이라고 하는데, 뭐든 하고자 하는 욕심이 컸고, 그러다 보니 잘하는 편이었다. 달리기도 잘했다. 키가 또래보다 훨씬 크다 보니 어른들 표현처럼 '컴퍼스가 길어서' 씽씽 잘 달렸다. 그러고 보니 달리기 속도가 늦어지면서 인생을 더 '무겁게' 살았던 것 같다. 중학생 때까지는 잘 달리고, 빨리 달리고, 공부든 운동이든 뭐든 잘하고 싶어서 몸이 근질근질했다. 20대가 되고 달리기 속도가 늦어진 이후, 아니 달리는 일 자체가 드물어진 이후로 의욕도 예전 같지 않았다. 몸이 무거워지면서 성격도 더 무거워졌다.

딱히 인생의 무게 때문이라고 생각하지는 않는다. 성인이 되어 서울에서 사는 동안 부침 있는 삶을 살아왔지만, 살면서 이 정도 어려움을 겪지 않는 사람은 없을 거라고 생각한다. 주어진 환경 덕에 나보다 더 평탄하게 살아가는 사람도 많지만, 그렇게 비교한다면 훨씬 더 어려운 상황에서 어려움을 겪는 사람도 많은 법이니까. 그저 남보다 부족한 에너지와 체력으로 바쁜 도시에서 살다 보니 어떻게든 일과 생활을 '펑크' 내지 않고 살아내려고 덜 움직이고 덜 나서고 덜 달리게 된 게 아니었을까.

좋아하는 만화 중에 아소우 미코토의 『GO! 히로미 GO!』가 있다. 기자로 일할 때 내가 가장 좋아하는 것에 대해 쓰는 칼럼에서 이 만화에 대한 사랑을 아래와 같은 글로 담은 적이 있다.

다시 태어나면 네가 되고 싶다던, 어느 영화 속 소녀의 고백을 들었을 때 타인에게 할 수 있는 최고의 찬사라고 생각했다. 어느 날 이 말을 되새기게 하는 이를 만났다. "장애물은 피하라고 있는 게 아냐. 넘으라고 있는 거지"라고 패기 넘치게 외치던 그의 이름은 하시바 히로미. 아소우 미코토의 만화 『GO! 히로미 GO!』의 주인공이었다. 물론, 2차원 가상의 여자에게 고백 같은 건 안 했다.

    대학에서 뒤늦은 사춘기를 겪었다. 서울은 너무 복잡하고 학교는 너무 컸고 사람들은 너무 무서웠다. 강의실보다 하숙방에서 보내는 시간이 많아졌고, 동네 만화방 아저씨와 안부 인사를 주고받는 사이가 되었다. 그때 히로미를 만났다. 아버지의 돈으로 도쿄에 가서 "멋진 여자"가 되는 게 구두쇠이면서 강압적이기까지 한 그를 이기는 것이라 믿고, "국립에 유명하고 도쿄에 있는" 일본 최고 학부 T대에 가기 위해 위액을 토하며 공부한 여자. 표범보다 표범 무늬가 더 잘 어울리는 비행소녀 같은 미모에 생각이 곧장 말과 행동으로 나오는 호전적 태도 탓에 좀처럼 친구를 사귀지 못하던 여자. 이런 히로미가 대학에서 벌이는 좌충우돌과 여기에 얽혀 삶의 새로운 풍경을 보게 된 사람들이 "히로미를 만나서 정말 다행이야! 이력서에 쓰고 싶을 정도야!"라고 말하게 되는 이야기가 정말로 부러웠다. 하지만 20대 내내 히로미 발끝에도 못 가보고 결국 '너는 자라 내가 되겠지… 겨우 내가 되겠지'란 소설의 문장에 어깨가 낮아지는 서른이 되고 말았다. 그러니까 신이시여, 다시 태어나게 할 거라면 이번에는 제발! 성격이 어렵다면 얼굴이라도…

어른이 된 이후 내내 나의 바람은 '가볍고 산뜻한 사람'이 되는 것이었다. 작품 속에서 '호협하다(호방하고 의협심이 있다)'고 평가받는 히로미처럼, 너무 고민하지 않고 너무 재지 않고 직진으로 가볍게 나아가는 삶을 살고 싶었다. 꼭 달릴 필요도, 꼭 빠를 필요도 없이, 그저 나의 속도대로 가뿐하게 살아가고 싶었다.

결국, 앉은 자리에서 30분 만에 집을 사고 이주를 결정할 수 있었던 건 흔한 말로 터닝 포인트가 필요했던 거다. 서 있는 자리가 바뀌면 보이는 풍경이 달라진다는 말은 달리 말하면 다르게 보기 위해서는 서 있는 자리가 바뀌어야 한다는 게 아닐까. 역마살도 없으면서 사는 곳도, 하는 일도, 직장도 자주 옮겨 다닌 건 지금 여기보다 조금 더 내게 맞는 곳이 있기를 바라는 마음에서였다.

서울도 마찬가지다. 그 날 강릉으로 여행을 떠나지 않았다면, 고성의 미술관에 가지 않았다면, 숙소로 돌아가는 길에 양양 아파트 광고를 보지 않았다면, 여전히 서울에서 살고 있을 것이다. 마을버스와 지하철을 갈아타는 출퇴근길은 힘들고, 남편과 저녁 한 끼 함께 먹기 힘든 날이 이어지고, 회사 일에 치여 종종 사는 게 참 구질구질하구나 싶어도 그렇게 살아갈 수 있었을 거다. 지난 20여 년 그렇게 살 수 있었던 것처럼. 하지만 달라지고 싶었기에 서울이 아닌 곳에서 살아보기로 한 거다. 서울이 아니라면, 마음먹으면 바다에 갈 수 있고 과도한 인구밀도에 짓눌리지 않는 양양이라면, 내가 바라던 대로 좀 더 가뿐하게 살 수 있기를 바라면서.

37°04'30"N 128°37'29"E

Part 2

양양에서 살고 있습니다

또 새로운 명함을 만들다

2017년 4분기부터 2018년 1분기까지 6개월은 '일하는 사람'으로서 나에 대해 가장 치열하게 고민한 시기였다. 대학원 졸업 학기부터 다니기 시작한 회사 퍼블리를 예정보다 일찍 그만둔 게 가장 큰 이유였다. 조직의 비전에 반했고, 사회의 변화를 함께 만들어갈 수 있는 일이라고 생각했다. 하지만 빠르게 성장하는 조직의 속도와 방향이 나의 보폭과 맞지 않았다. 갑작스레 퇴사를 결정했고, 당시 양양 아파트 완공을 1년여 앞둔 터라 새로운 회사에서 일을 시작하기가 망설여지는 시점이었다.

프리랜서로서 나의 가치를 다시 확인해야 하는 과제를 안고 연말과 새해를 맞았다. 여러 가지 일을 했다. 가장 익숙한 일은 글쓰기였고, 가장 스펙터클한 일은 책 만들기였고, 가장 곤혹스런 일은 아이들 가르치기였다. 프리랜서 에디터로서 중앙일보에서 만든 지식 콘텐츠 플랫폼 '폴인'의 디지털 콘텐츠 편집에 참여했다. 텀블벅에서 크라우드 펀딩으로 책『쓸데없이 찬란한』 출판 프로젝트를 진행했다. 그리고 송파구의 한 논술학원에서 글쓰기와 국어 강사로 일하기도 했다.

그러다 2018년 4월에 다시 광고회사 AE가 되었다. 또 하나의 명함을 새로 만들었다. 스물다섯 살에 첫 명함을 만든 후 참 많은 명함을 새로 만들었다. 여러 회사를 다니기도 했고, 조직의 이름이 바뀌기도 했고, 직업 자체를 바꾸기도 했다. 당연히 매번 쉽지 않은 결정이었다. 이번에는 양양의 아파트가 완공을 향해 가고 있는 상황에서 양양이 아닌 서울에서 다시 회사를 다니기로 결정하는 게 어려웠다. 하지만 지난 6개월간 프리랜서로 이런저런 프로젝트를 진행하면서 확실해졌다. 지금 당장은 양양에서 나 같은 지식노동자가 할 일이 정말 없다. 아직은 일하는 사람으로서 나의 '쓸모'가 서울에서나 가능하다는 게 현실이었다.

AE는 내게 애증의 직업이었다. 연봉으로 따지면 가장 많은 돈을 벌게 해주었지만, 가장 많은 스트레스를 주었기 때문이다. 광고, 홍보 업계 외에는 정확한 의미도, 하는 일도 몰라서 대외

적으로는 '광고, 홍보 기획자'라고 설명하는 게 더 편했다. AE는 '아(A), 이(E)런 일도 제가 하나요?'의 준말이라는 농담이 있을 정도로, '기획'만 하는 게 아니었다. 바로 그 점이 나를 괴롭혔고, 한편으로는 성장시켰다. 섭외 전화 한 번 하려면 심호흡을 몇 번이고 해야 할 만큼 내성적인 기자였던 내가 AE로 일하고 난 뒤 다시 기자가 되었을 때는 전화도 인터뷰도 예전만큼 두려워하지 않게 되었다. AE는 전화도 많이 하고, 설명과 설득도 많이 하고, 읍소도 많이 해야 하는 일이었기 때문이다.

다시 AE로 일을 시작할 수 있었던 건, 나이를 먹으면서 뻔뻔함이 늘었기 때문이다. 20대 후반 무렵 의지하던 선배에게 일하는 게 왜 이렇게 힘든지 모르겠다고 털어놓은 적이 있다. 그때 선배는 "네가 뻔뻔하지 않아서 그래"라고 말했다. 남편이 외모도 성격도 취향과 전혀 다른 나를 좋아하게 된 이유를 "(좋은 의미로도 나쁜 의미로도) 순수한 부분이 있어서"라고 말한 적이 있다. 이는 달리 말하면 '유도리'가 없다는 의미였고, 이건 일하는 사람으로서 스스로 느끼는 약점이었다. 모범생으로 자라왔고, 눈치 없이 입바른 소리를 해도 별로 타격이 없었다. 하지만 회사에 다니면서 일터에서는 적당히 유연하고 적당히 눈치 있게 행동하는 게 장점이라는 걸 알게 되었다. 물론 안다고 할 수 있는 건 아니었다.

30대 초반 홍보회사 미디컴에서 AE로 일할 때 웹진 『아이즈(IZE)』에 tvN 드라마 「미생」에 대한 칼럼을 쓸 기회가 있었다. 아래는 그 칼럼 중 일부이다.

> 안영이(강소라)를 보며 신입 시절의 나를 떠올린다. 물론, 안영이만큼 뛰어난 능력의 소유자도 아니었고, 함께 일한 상사나 동료에게서 모욕적인 대우를 받은 적은 없다. 다만, 안영이처럼 쉽게 웃지 않고 쉽사리 틈을 주지 않는 뻣뻣한 신입 사원, 여자 후배였다. 그래서 내성적이거나 차갑거나 어려운 사람으로 여겨졌다. 웃는 얼굴에 침 못 뱉는다는 말의 위력은 직장생활에서 더욱 크다. 한석율(변요한)이 대표적인 예다. 넉살 좋고 분위기 파악 빠르고, 무엇보다 잘 웃는 한석율은 미워도 밉지가 않은 캐릭터다. 반면, 업무를 위해서라면 가슴과 엉덩이에 뽕을 넣고 짙은 화장으로 무장할 수 있지만, 특별한 이유 없이는 활짝 웃지 않고 여자라는 이유로 쓸데없는 도움을 원치 않는 안영이는 잘난 남자들을 불편하게 만드는 존재다.

클라이언트에게 의뢰를 받아 마케팅과 브랜딩 업무를 '대행'하는 AE에게 넉살은 유용한 장점이다. 하지만 나는 그런 사람이 아니었다. 눈치가 없다기보다 눈치를 보지 않는 성격이라 속없는 사람처럼 웃어넘기질 못했다. 하지만 그런 나도, 다행인지 불행인지 일을 오래 하면서 뻔뻔하게 웃어넘기기도 하는 사람이 되었다. 클라이언트의 어이없는 요구에 얼굴이 굳어지지 않고 "아, 네~ 한 번 알아볼게요~"라고 말할 수 있는 사람이 되었다.

내가 서울에서 다시 일을 하기로 결정한 후 나와 남편은 주말 부부가 되었다. 아직 아파트 입주까지는 시간이 남았지만 예정보다 빨리 남편이 먼저 양양으로 이주를 했다. 공방 자리를 알아보던 중 마음에 드는 창고가 매물로 나왔기 때문이다. 2018년 5월이었다. 그는 읍내의 원룸을 단기 임대했다. 평일에 양양에서 지내면서 공방 인테리어 작업을 하고 주말에 서울로 왔다. 그렇게 6개월을 보내고 2018년 말 양양의 아파트에 입주했다. 그때부터는 반대로 내가 주말에 양양으로 가서 지냈다.

금요일 퇴근 후 동서울 터미널로 가서 고속버스를 타면 약 2시간 만에 양양 터미널에 도착했다. 도착 시각에 맞춰 남편이 마중을 나와 있었다. 주말을 함께 보내고 일요일 저녁에 버스를 타고 나 혼자 다시 서울로 갔다. 동서울 터미널과 양양 터미널의 공통점은 2021년이라고 믿기 어려울 정도로 '레트로' 하다는 점이다. 물론 70년대 대합실에서 시간이 멈춘 듯한 양양 터미널에 비하면 동서울 터미널은 휘황찬란하지만 말이다.

터미널에서 버스를 기다리면서 자주 예전 생각을 했다. 처음으로 가족 곁을 떠나 타지의 고등학교에서 생활할 때 몇 달에 한 번씩 버스를 타고 집에 다녀왔다. 낡은 가죽 의자에 몸을 깊숙하게 파묻고 앞으로 몇 시간이나 가야 하나 생각하던 날들이었다. 부산의 사상 터미널에서 엄마의 배웅을 뒤로하고 버스에 올라 창밖으로 점점 얼굴이 굳어가던 엄마를 보며 나도 마음이 울컥했던 날들을 떠올렸다. 양양 터미널에서 남편의 배웅을 받으며 서울로 갈 때도 늘 마음 한편이 아릿했다. 가족과 떨어져 산 세월이 길어서인지 누군가를 배웅하거나 누군가의 배웅을 받는 것이 늘 쓸쓸하다.

3대가 덕을 쌓아야 주말부부를 한다는 우스갯소리를 들은 적이 있다. 결혼 3년 차에 약 1년 동안 주말부부를 하면서, 우리는 서로 더 애틋해졌다. 떨어져 지내는 평일 동안 각자의 일터에서 쉽지 않은 전투를 벌이는 것을 알고 있었기 때문이다. 나는 서울에서 광고주의 어려운 요구들과 씨름했다. 남편은 양양에서 혼자 공방 공사를 하고, 제품 개발을 하느라 정신없는 나날을 보냈다. 몸과 마음이 지치는 만큼 예민해지기 쉬웠지만, 다행히도 고생하는 상대방에 대한 연민이 먼저였다.

남편은 공방 육아 중

2019년 3월의 연휴에 모처럼 쉬면서 남편과 함께 시간을 보낼 수 있었다. 양양에서 시작한 가구 공방 우드샵 다움의 새해 워크샵을 할 겸 집 근처 카페로 나섰다. 동해와 설악산이 버티고 있는 관광지에서 살기 시작했지만, 당시에는 주말이 어찌나 빨리 지나가는지 막상 바다에는 가보지도 못하고 있었다.
워크샵 아젠다는 제품 디자인 방향성과 홈페이지 제작이었다. 전자는 남편의 몫, 후자는 나의 과제였다. 홈페이지 제작 서비스가 워낙 잘 갖춰져 있어 쉽다고 해도 처음 해보는 일이라 걱정이 컸다. 돈을 아끼려면 외주를 맡길 수 없는 노릇이라 일단 해보자며 결의를 다졌다. 워크샵을 마치고 함께 해변을 걸었다. 차가운 기운이 한풀 꺾인 바람은 봄이 코앞에 왔음을 알려주고 있었다.

걷다가 남편에게 말했다. 우드샵 다움이 우리에겐 자식 같은 거고, 당신은 육아휴직 중이라는 생각이 들었다고. 그 해 1월에 친구가 아기를 낳았다. 친구는 내게 남편을 소개해 준 사람이기도 했다. 친구는 육아휴직을 하고 지역의 본가에서 아기를 키우고 있었다. 친구의 남편은 서울에 남았다. 친구 부부를 보니 문득 남편이 양양에서 혼자 우드샵 다움을 키우고 있는 걸 육아휴직에 비유해도 좋겠다 싶었다.

당시 우드샵 다움은 제품 개발 중으로 판매를 시작하지 않아 매출이 전혀 없었다. 시부모님이 걱정 반 농담 반으로 남편을 백수라고 부르곤 하셨다. 그런데 그는 돈을 벌지 않을 뿐 일을 하지 않는 게 아니었다. 오히려 하루 평균 10시간 이상 일을 했다. 1인 공방이기 때문에 모든 것을 직접 했다. 가구의 디자인, 설계, 제작은 물론 공방의 일상적인 관리(수도 동파 방지, 기계 정비와 관리, 청소, 쓰레기 분리수거 등)까지 일은 끝이 없었다. 게다가 집안일도 있지 않은가. 주말에 가사를 나눠서 하지만, 양양 아파트가 거점 거주지이다 보니 아무래도 그의 가사 분담 비중이 높았다. 경제적 가치로 바로 환산되지 않는 수많은 노동을 하고 있었다. 마치 육아처럼 말이다.

우드샵 다움이 자식 같다는 건 단순히 비유만이 아니었다.

실제로 우리는 공방을 운영하면서 자녀 계획을 수정했다. 나는 원래 아이를 원하지 않았다. 반면 남편은 아이를 원했다. 연애는 물론이고 결혼에 대한 생각이나 기대부터 달랐던 두 사람이다. 나는 남편을 만나기 전까지 결혼을 생각한 적이 없었다. 마음을 바꾼 이유는 남편은 결혼을 원하고 이를 통해 영구적인 관계를 맺길 원했기에 내가 이 사람과 함께 하기 위해서는 결혼이라는 제도를 선택해야 했기 때문이다.

어찌저찌 결혼은 했지만 아이에 대한 생각의 차이는 쉽게 좁혀지는 문제가 아니었다. 결혼 초에는 내가 생각을 바꿔 아이를 낳기로 결심했다. 내가 아이를 잘 키울만한 사람이 아니라는 사실은 변함이 없었지만, 남편은 아이를 잘 키울 수 있는 사람이었기 때문이다. 하지만 우리에게 아이는 찾아오지 않았다. 그 후 나는 점점 아이를 낳지 않는 방향으로 생각을 굳히게 되었다. 양양에서 살기로 결정한 후 우리는 아이를 갖기 위해 노력하지 않기로 합의했다. 수입은 불안정하고 일에 쏟는 시간이 절대적으로 긴 몇 년을 보낼 게 분명했기 때문이다. 나는 30대 후반을 향하고 있었고, 남편은 이미 40대였다. 아이를 낳아 키우는 것은 어려운 일이었다.

우리가 서울이 아닌 곳, 그것도 지역 소도시도 아닌 인구 3만이 채 안 되는 시골로 이주를 결정할 수 있었던 것도 아이가 없었기 때문이라고 생각한다. 귀촌 인구의 대부분이 장년층

부모 세대인 것도 비단 일에서 은퇴했기 때문만이 아니라 자녀 양육, 더 정확히 말해 자녀 교육이라는 임무를 마쳤기 때문이다. 바닥을 치는 출생률이 보여주듯이 지금 한국 사회에서 아이를 낳아 기르는 것은 모두에게 버거운 일이지만 지역, 특히 시골에서는 더욱 어렵다.

양양처럼 지역 내에 산부인과가 하나도 없는 곳에서는 임신과 출산부터가 쉽지 않은 일이 된다. 당연히 양육과 교육 여건도 차이가 크다. 우리에게 아이가 있었다면, 그 생명을 먹이고 입히고 가르치기 위해서라도 서울에서의 삶을 이어갔을지도 모른다. 더 많은 수입이 필요하고, 더 많은 정보가 필요하고, 더 많은 인프라가 필요하니까. 최근 양양에서 인연을 맺게 된 분도 자녀를 낳아 키우면서 인근의 큰 도시인 강릉으로 이사를 가야 하는지 고민한다고 했다. 다른 건 어떻게든 대체한다고 해도 병원을 양양으로 옮겨올 수 없으니까.

나 역시 병원에 가기 위해서는 30분 이상 차를 타고 속초나 강릉으로 갔다. 피부과나 산부인과처럼 양양에 진료 병원이 없어서인 경우도 있고, 건강검진을 위해 장비나 시설이 좀 더 좋은 곳을 찾기 위해서였던 적도 있다. 만약 양양에서 임신을 했다면 운전이 익숙하지 않은 내가 1시간씩 운전을 해서 강릉으로 가야 했을 것이다. 만약 갑자기 아이가 아프기라도 하면 침착하게 운전을 해서 병원에 갈 수 있을까?

교육 여건도 무시할 수 없다. 일반적인 문·이과 교육이라면 그나마 공립 중고등학교에서 감당할 수 있지만, 예체능 교육은 상황이 전혀 다르다. 양양에서 디자인이나 요리에 관심이 있는 학생들은 속초나 강릉까지 멀리 학원을 다니고 주말마다 서울을 오가기도 한다. 아이가 고학년이라면 오히려 서울보다 비용이나 에너지도 훨씬 많이 들어서 교육을 지원해야 하는 환경이다.

무엇보다 하나의 생명을 낳아 기르는 데 드는 경제적 비용도 무시할 수 없었다. 발밑이 불안정한 삶을 선택한 상황에서 아이를 낳아 기른다는 건 어쩐지 무책임한 일처럼 여겨졌다. 하지만 아파트를 충동적으로 구매했던 그 날도, 지금도, 앞으로도 우리는 서로가 서로만 먹여 살리면 되니 부담이 덜했다. 공방을 시작할 수 있었던 것도 이 때문이다. "에이, 한 달에 각자 100만 원만 벌면 둘이서 먹고 살 수 있잖아?" 종종 앞날이 불안할 때 서로에게 가장 많이 한 말이다. 아무리 일자리가 없는 양양이라도 건강하면 어떻게든 먹고 살 수 있지 않겠느냐는, 나름 희망찬 우리 부부만의 주문이었다.

그 날 해변에서 남편에게 말했다. "만약 아이를 낳아 키우면 최소 20년은 지나야 경제적으로 독립시킬 수 있고, 30년은 지나야 우리의 부양을 기대할 수 있어. 그런데 이제 막 시작한 공방은 아무리 오래 걸려도 20년은 안 걸릴 거야. 적나라하게 말해 아이는 결코 물릴 수가 없잖아. 내 맘 같지 않다고, 기대처럼 자라지 않는다고 뱃속으로 돌아가라고 할 수 없지만, 공방은 하다 하다 정 안 되면 물릴 수 있어."

양양에서 일하고 있다

2019년 5월, 1년의 주말부부 생활이 끝났다. 나는 광고회사를 그만두고 양양으로 완전히 이주했다. 정말 많은 일이 있었다. 나는 광고회사에 다니면서 익숙한 '짜치는' 일과 예상하지 못한 '짜치는' 일을 매일 쳐내면서 일했다. 곰프레스의 첫 책 『쓸데없이 찬란한』도 발행했다. 「땐뽀걸즈」를 사랑한 많은 분들의 후원 덕에 큰 수익은 남기지 못했지만 적자도 보지 않고 무사히 책을 세상에 내보냈다. 원고를 다듬고 편집하는 일까지는 해 본 일이고 익숙한 일이라 어렵지 않았다. 이후 디자인과 인쇄, 굿즈 제작과 북 토크 행사 등은 쉽지 않았다. 함께 프로젝트를 진행한 정명희 디자이너가 아니었다면, 더 어려운 길을 걸어야 했을 거다.

다시 서울에서 회사에 들어갈 때 최소 2~3년 주말부부 생활을 각오했지만, 결국 나는 예상보다 일찍 회사를 그만두고 서울 집을 완전히 정리했다. 당시 회사 내에서도 광고팀 조직을 둘러싼 여러 변화가 있어 내린 결정이었다. 퇴직 의사를 밝힌 후에도 한 달 동안 새로 개발한 광고주 업무 세팅과 인수인계를 진행했다. 마지막 출근일까지 마치 내일도 나올 사람처럼 일했다. 당시 차장인 내가 팀의 막내가 될 만큼 조직 상황이 나빴다. 6개월 전부터 팀원들이 연이어 퇴사를 했지만 인력 충원은 없었다. 일할 사람은 부족하고, 광고주 요구는 많아졌다. 무엇보다 일이 많아서 힘든 것보다 제대로 일할 수 없어서 힘들었다.

새로 개발한 광고주는 글로벌 브랜드였고 디지털 캠페인을 본격적으로 진행하고 싶어 했다. 광고회사의 AE로서 내가 하는 일은 전문적인 서비스를 제공하고 그에 대한 대가를 받는 일이라고 생각한다. 하지만 당시 회사에서 나는 전문 서비스를 충분히 제공하기 어려운 상황이었다. 그래서 옮길 곳을 정하지 않고 퇴사를 결정했다. 고맙게도 함께 일했던 분이 이직을 제의했지만, 고민 끝에 일단은 쉬어 가기로 했다. 양양에서 혼자 일하고 있는 남편도 내 도움이 필요한 상황이었다.

그동안 남편은 혼자서 공방 공사를 했다. 내부 전기 공사,

벽 페인트 작업, 바닥 타일과 에폭시 마감 등 조금이라도 본인이 할 수 있는 일이라면 모두 직접 했다. 최대한 비용을 아끼기 위해서였다. 인테리어 후에는 제품 개발을 시작했다. 우드샵 다움은 개인의 의뢰를 받아 만드는 주문 제작 공방이지만, 우리가 지향하는 가구가 어떤 것인지 보여주기 위해서는 제품을 미리 만들어야 했다. 하드우드 원목 가구를 혼자 만드는 건 정말 힘든 일이다. 기본적으로 나무가 크고 무겁기 때문에 작업을 하는 동안 목재를 들어서 옮기기부터 쉽지 않다. 워낙 비싸서 함부로 다룰 수도 없다. 주말에는 내가 조수로 나무를 잡아주거나 함께 들어서 옮기기도 했지만, 대부분의 작업을 남편이 혼자 하다 보니 몸 여기저기에 크고 작은 상처가 마를 날이 없었다.

5월부터 우드샵 다움의 김 실장으로 명함을 새로 만들고 공방 일에 본격적으로 합류했다. 공동창업자, 투자자, 마케터, 운영자, 목수 보조, 홈페이지 제작자 등 가구 디자인과 제작을 제외한 대부분의 역할을 맡았다. 주 업무는 마케팅, 운영 기획과 홈페이지 제작이었다. 틈틈이 제품 마감 작업과 사진 촬영을 도왔다. 두 번째 워크숍을 하면서 함께 브랜딩과 마케팅의 세부 내용을 논의하고 수정했다. 마케팅은 익숙한 일이지만, 원목 가구라는 품목이 익숙하지 않았고 무엇보다 내 사업이라는 부담감도 있었다.

양양은 인구가 적은 곳이라 지역 내에 고급 원목 가구를 원하는 사람은 많지 않았다. 그런데 가구는 온라인 커머스로 팔기 쉽지 않은 제품이다. 게다가 우리의 마케팅 예산은 아주 '귀여운' 수준이었다. 당연히 고민이 많았다. 홈페이지 제작은 새롭게 도전한 일이었다. 생각보다 재밌었다. 기본 틀을 제공하는 서비스를 이용했지만, 세부적으로 손 볼 것이 많았다. 웹진 기자로 일했고 디지털 서비스를 제공하는 스타트업에서 일한 덕에 주워들은 게 있어 그나마 다행이었다. 폰트를 바꾸고 패딩 값을 조정하고 배너를 만들고, 전문가가 보면 답답한 수준이겠지만 나름 고군분투하면서 만들었다.

창업은 정말 할 일이 많았다. 특히 우드샵 다움은 제조업이다 보니 IT 기술로 해결할 수 없는 요소가 많다. 남편이 공동 창업자가 아니었다면 혼자서는 시작할 엄두를 내지 못했을 거라는 걸, 함께 일하면서 매일 느꼈다. 그는 아무것도 없던 창고에서 1년 동안 전기 공사, 기계 세팅, 인테리어 공사를 혼자 했다. 로고를 만들고 명함 디자인을 했다. 본업인 가구 디자인과 제작은 기본이고, 제품 촬영도 직접 했다.

솔직히 처음에는 남편과 함께 일하는 것을 걱정했다. 그는 일을 잘하는 동료지만 까다로운 사람이기도 했다. 무엇보다 우리는 성격이 너무 달랐다. 그는 부지런하고 성격이 급하다. 일에 집중하면 식사를 건너뛰거나 잠을 줄인다. 나는 느긋한 편이다. 배가 고프면 집중력이 떨어지고 잠이 많아진다. 특히 나는 일하는 시간과 쉬는 시간을 미리 배분하는 것을 선호한다. 반면에 그는 하던 일이 있으면 예정된 업무 시간을 넘기더라도 끝마치고 편하게 쉬는 것을 선호한다.

워라밸에 대한 생각이 다른 두 사람이 함께 일하다 보면 갈등이 생길 수밖에 없다. 대부분 서로 배려하면서 잘 지냈지만, 가끔 싸우기도 했다. 예를 들면, 나는 일단 점심을 먹고 이어서 일을 하길 원하지만, 그는 일을 마치고 점심을 먹으면 좋겠다고 생각했다. 나는 밤이 늦으면 일단 오늘은 퇴근을 하면 좋겠다고 하고, 그는 하던 일을 마저 하고 싶어 했다. 누가 옳고 틀린 문제는 아니지만, 함께 일하는 동료로서 무작정 한쪽이 참고 배려할 수도 없는 노릇이었다.

함께 먹을 도시락을 싸서 다녔고 공방 근처에는 식당이 없었기에 혼자 밥을 먹을 수 없었다. 자동차로 함께 출퇴근하기에 누가 먼저 갈 수도 없었다. 양양은 대부분의 시골처럼 대중교통 환경이 좋지 않다. 현북면의 공방에서 읍내의 집으로 퇴근하려면 하루 5~6대 오가는 버스 시간을 잘 맞춰야 한다. 그마저도 오후 6시 이후에는 집으로 가는 버스가 없다. 가끔 크게 다툰 날이면 무작정 버스 정류장으로 가서 하염없이 버스를 기다리거나 하조대까지 2km를 걸어나가서 버스를 타고 집에 먼저 가버리기도 했다.

나는 '가족 같은 회사'를 기피하는 사람이다. 그런 내가 정말 가족과 함께 회사를 운영하게 되었으니, 어찌 걱정이 없었을까. 하지만 함께 일하면서 '남편이 공동 창업자라서 내가 이번 생에 창업이라는 걸 해서 일할 수 있었구나'하고 매일 생각했다. 회사를 함께 운영하기 전 결혼 생활을 하면서 이미 깨달았던 것이 있다. 나는 문제를 정의하는 게 익숙한 사람이다. 반면 그는 문제를 해결하는 게 익숙한 사람이다. 문제를 정의한 후 해결하는 것이 이상적이지만, 대부분 문제를 정의하는 데서 그치거나 문제를 채 정의하기 전에 해결하는 것이 먼저일 때가 많다. 결혼을 하고 나는 그가 아는 게 많다는 점에, 그는 내가 놀라울 정도로 모르는 게 많다는 점에 서로 놀라기도 했다. 시사 상식이나 지식이 아닌 소위 말해 세상살이에 대한 노하우라는 점에서 말이다. 결혼 생활에서도 '세상살이 두뇌'가 뛰어난 그의 도움을 많이 받았지만, 공방을 운영하면서 더 빛을 발했다.

    나는 기성 교육의 체제 안에서 우수한 사람이었다. 학업 성취도가 높았고 소위 말하는 명문대를 나왔다. 별로 쓸모는 없지만 석사 학위까지 딴 가방끈이 긴 사람이다. 하지만 내가 배운, 가진 지식이 활용되는 영역은 제한적이다. 게다가 나는 관심 있는 분야를 제외하고는 호기심이 많은 편도 아니다. 책을 좋아하고 많이 읽지만 관심 분야가 제한적이고 대중적이지 않다. 반면, 그는 학교 공부에 충실하지 않았지만 사회에서 직접 몸으로 체화한 지식이 풍부한 사람이다. 궁금한 분야가 있으면 일단 관련 회사에 들어가 적은 월급을 받더라도 일하면서 배웠다. 그러다 보니 사기업부터 공공기관, 창업까지 여러 형태의 조직에서 다양한 사람들과 함께 온갖 업무를 수행했고, 현장직과 사무직을 두루 경험했다. 책을 좋아하는 사람이 아니라고 자평하지만 스스로 필요하다고 생각하면 알아보고 공부하고 만들어보는 게 익숙했다.

나는 앙트러프러너십(창업가의 역량)의 개념을 알고 이를 말과 글로 설명할 수 있지만, 그는 개념은 몰라도 직접 몸으로 실현할 수 있는 사람이다. 창업에는 나보다 그의 방식이 더 유용했다. 매일 일어나는 크고 작은 문제를 빠르게 해결해야 했기 때문이다. 우리는 정부 지원이나 외부 투자 없이 사재를 고스란히 털어 창업한 상황이었기 때문에 믿고 의지할 사람이 서로밖에 없었다. 나의 유일한 동료가 그여서 참 다행이고 고마웠다.

낙산사 있는 곳이 양양인 줄도 몰랐지만

서울 집을 정리하고 양양에 완전히 이주한 후 새삼 놀란 게 내가 양양에 대해 모르는 게 너무 많다는 것이었다. 초반에는 '그래, 이곳을 생활 터전으로 삼은 시간이 길지 않으니 아직 모르는 게 당연하다'라고 생각했다. 동시에 '이렇게 잘 알지도 못하는 동네에 덜컥 이주를 하다니!' 싶을 만큼 삶의 터전으로 삼겠다면서 정말 모른 채 왔구나 했다. 뒤늦게 주위를 둘러보니 귀촌을 하기 전에 몇 년씩 고민하거나 준비하는 사람들이 많았다. 무엇보다 고향이나 연고가 있는 지역이 아니라면, 어느 곳에서 살 것인가를 가장 많이 고민한다. 그런데 우리 부부는 양양에 대해 거의 아는 게 없는 상태에서 결정했다. 막연히 언젠가 서울이 아닌 곳에서 살고 싶다, 그곳이 바닷가 근처면 좋겠다 생각했을 뿐이었다.

남편의 고향이 강원도이고, 우리가 서울에서 살던 곳이 동쪽 끝이라 강원도 여행이 쉬웠다. 연애할 때 춘천 청평사나 양양 낙산사에 놀러 가거나 강릉 안목 해변에 커피를 마시러 가곤 했다. 그래도 동해 바닷가에서 살게 될 줄은 몰랐다. 당시에는 낙산사가 있는 곳이 양양인지도 몰랐다. 그저 양양은 서핑을 즐기는 사람들이 주목하는 곳으로만 알고 있었다. 이름이 귀여운 동네구나 생각했다. 지금도 양양을 좋아하는 데는 이름이 큰 역할을 한다. 양양. 발음할 때 입 모양도, 귀에 울리는 소리도 귀엽다. 나에게는 없는 경쾌한 밝음이 느껴진다.

양양으로의 이주는 어떻게 보면 별생각 없이 결정한 셈인데 운이 좋게도 우리가 산 아파트를 짓는 동안 서울양양고속도로가 개통되어 접근성이 좋아졌다. 양양은 동해는 물론이고 설악산과 계곡, 강이 모두 있는 곳이다. 행정구역상 면적은 서울보다 넓다는데 산이 많아 사람이 살 수 있는 영역이 작다. 서울과 굳이 비교하지 않더라도 사람이 정말 적은 지역이다. 많은 농어촌 지역처럼 노인 인구 비율이 굉장히 높다. 강원도라서 추위를 걱정했지만, 서울보다 여름 기온이 낮고 겨울 기온은 높다. 태백산맥 동쪽이라 미세먼지가 적다. 그리고 바람이 정말 많이 분다.

실제로 양양에서는 바람 부는 날 걷는 모습만 봐도 토박이인지 외지 사람인지 알 수 있다고 한다. 바람에 익숙한지 아닌지 티가 나는 것이다.

양양에서 본격적으로 살기 시작하면서 알게 된 것들도 있다.

1. 벼농사를 많이 짓는다.

강원도니까 막연히 밭농사가 많을 거라고 생각했다. 공방 근처에 논이 꽤 넓게 펼쳐져 있어 신기했다. 엊그제 심은 모에서 어느새 어린 벼가 쑥쑥 자라는 모습을 보면 참 신기했다. 양양 지역 쌀도 있었다. 이름은 해뜨미. 처음 해뜨미를 사서 먹었을 때 향이 좋아서 놀랐다. 도정한지 얼마 되지 않은 쌀이라서 고소한 향이 고스란히 남아있었다.

2. 운전과 주차를 험하게 한다.

차선 변경 시 '깜빡이'를 켜는 사람이 정말 적고 신호를 무시하는 경우도 많다. 구도심인 읍내 도로는 지중화 공사를 하면서 도로를 확장하기 전까지 주정차 차량으로 늘 빼곡했다. 오래된 낮은 상가 건물이 많은 길이다 보니 마땅한 주차 시설이 없고, 딱히 불법 주정차를 하면 안 된다는 생각을 주민들이 공유하고 있지도 않다. 대중교통 인프라가 부족하니 자차운전을 하는 사람이 많은데 아무렇게나 주차하는 사람이 많다. 이중 주차, 코너 주차, 장애인 주차장에 불법 주차가 일상이다. 특히 걱정스러운 건 오토바이를 타는 어르신이 많은데, 헬멧을 쓴 걸 본 게 손에 꼽을 정도다. 시티100(흔히 중국집 배달 오토바이로 잘 알려진 것으로 시골에서 흔히 볼 수 있다)에 이장님 모자가 공식 유니폼처럼 보일 정도다.

3. 외제 차가 많다.

서울에 거주하면서 양양에 세컨드 하우스를 마련해두거나, 수도권에서 은퇴 후 귀촌한 이주민이 많아서일까? 특히 내가 사는 아파트 주차장은 한 차 건너 외제 차일 정도다. 벤츠, 아우디, BMW는 흔하고 포르셰에 롤스로이스도 있다. 겨우 300세대가 사는 아파트인데, 집값보다 비싼 차가 이렇게 많다니! 어느 날 주차장에서 이 아파트 3채는 사고도 남을 샴페인 골드 컬러의 롤스로이스를 보고, 어디든 부자는 있구나, 다시금 깨달았다.

4. 미용실이 많다. 그리고 비싸다.

남자 커트 비용은 속초보다 비싼 곳이 많았다. 전체 평균 가격을 조사해본 결과는 아니다. 읍내에는 두세 가게 건너 미용실이 있는 곳이 있을 정도다. 거주 인구나 유동 인구에 비해 상당히 많은 듯한데 이게 평균 수준보다 많은 건지는 모르겠다. 얼마 전 일터에서 양양고등학교 학생들과 함께 프로그램을 진행할 기회가 있었는데, 그들도 양양에 미용실이 많다는 이야기를 했다. 자영업 비중이 높을 수밖에 없다는 점을 고려해도 왜 미용실을 많이 운영하는가에 대한 해답은 아직 찾지 못했다.

5. 양양교육도서관의 장서가 좋다.

낯선 장소에 갔을 때 도서관과 마트에 가는 걸 좋아한다. 익숙한 건물의 익숙한 인테리어에 안심하게 되는 걸까. 처음에는 규모가 크지 않아 보여 별 기대 없이 갔다. 그런데 화제의 신간이 대부분 갖춰져 있었다. 처음 방문했을 당시에 본 스가쓰케 마사노부의 『앞으로의 교양』, 김혼비의 『우아하고 호쾌한 여자 축구』, 김원영의 『실격당한 자들을 위한 변론』 등 서울에서 다니던 동네 도서관이나 강남의 회사 근처 도서관에도 없던 책들이 있었다. 도서관에 좋은 책이 많다는 점에 안심했다. 내가 이용할 때 편리하다는 점 외에도 지역에서 책과 이를 통한 교육에 신경을 쓰고 있다는 증거처럼 보여서다.

6. 서핑의 성지가 된 해변 지역과 가장 많은 주민이 거주하는 읍내의 분위기가 많이 다르다.

미디어에서 '핫 플레이스'로 다뤄지는 양양은 주로 서핑족이 몰리는 현남면 죽도, 인구 해변이나 현북면 서피비치 지역이다. 바다에 들어가기 좋은 날씨가 되면 이 지역에 서퍼와 관광객이 몰린다. 외국인도 많이 온다. 수제 버거나 멕시칸 요리, 동남아시아 요리를 파는 식당에 클럽까지 있어 성수기에 가보면 서울 이태원의 어느 골목 같은 분위기다.

반면 해변에서 차로 20분 남짓 거리인 양양읍은 평범한 시골 구도심이다. 4일과 9일에 열리는 양양 오일장은 영동 지역 최대 규모인 만큼 많은 사람이 몰리지만, 물건을 파는 사람도 사는 사람도 연령대가 높은 편이다. 속초에 가까운 강현면의 후진항에서는 꽤 규모가 큰 플리마켓인 비치마켓도 열린다. 하지만 양양 지역에서 자생적으로 시작해 운영하는 게 아니라 기존 문호리 리버마켓에서 주도하다 보니, 지역의 상인이나 물건보다는 리버마켓 셀러의 비중이 크다. 방문하는 사람들도 양양 주민보다 관광객이 많아 보였다.

이주 3년 차에 접어드는 지금은 단골 미용실과 맛집도 생겼을 만큼 좀 나아졌지만 여전히 양양을 잘 모른다. 공방을 운영하면서 바다에 한 번도 못 들어가 볼 정도로 바빴던 탓도 있고, 나도 남편도 외향적인 성격이 아니다 보니 적극적으로 사람을 사귀거나 지역 사회에 녹아들려는 노력을 하지 않았기 때문이다. 그런데 이게 서울에서 살던 동네를 잘 모르던 것과는 다른 문제라 앞으로는 더 알고 싶고 알아야 한다고 생각한다.

『모노클』에 소개되다

서울을 떠나 양양에서 사는 것을 우리 부부의 개인적인 이벤트 차원에서 나아가 좀 더 객관적인 시각에서 볼 기회가 있었다. 내가 양양으로 완전히 이주한 지 얼마 되지 않았던 2019년 여름이었다. 잡지 『모노클(Monocle)』에서 양양을 취재하면서 우리를 만나러 왔다. 퍼블리에서 일할 때 『모노클』을 다룬 프로젝트를 진행한 적이 있다. 글로벌 비즈니스&라이프스타일 잡지에서 우리를 인터뷰하겠다고 하니 좀 얼떨떨했다. 취재는 하루 전날 갑자기 결정되었다. 취재 당일에는 양양에 호우주의보가 내렸다. 전 세계 독자에게 양양을 소개하고 싶어서 오겠다는, 우리가 서울을 떠나 양양으로 온 이유를 궁금해하는 사람을 위해 어떤 이야기를 하면 좋을까 고민했다.

몇 가지 예상 질문을 떠올려보고 대답을 미리 영작해보았다. 양양의 좋은 식당과 카페를 추천해달라고 해서 영어 자료도 만들었다. 다행히 비는 당일 오전 일찍 그쳤다. 나는 오랜만에 영어로 인터뷰를 할 생각에 위가 아팠다. 폭우가 쏟아지기를 바라는 마음도 조금 있었다. 부담감과 설렘이 뒤섞인 마음으로 공방 청소를 하며 손님 맞을 준비를 했다.『모노클』의 아시아 지국장인 제임스가 한국인 사진작가와 함께 도착했다. 무슨 정신으로 무슨 말을 했는지 잘 기억이 나지 않는다.

양양을 취재한다던『모노클』기사는 어떤 이유에서인지 연기가 되었고 우리의 인터뷰는 한참 시간이 지나 2020년 2월 호에 실렸다. 양양을 다루는 내용이 아니라 커리어를 바꾸고 두 번째 삶을 선택한 사람들과 함께 소개되었다. 취재 당시 제임스가 우리에게 한 질문의 핵심은 이것이었다. "왜 서울을 떠나 양양으로 왔나?" 당연히 '왜 양양이냐'보다 '왜 서울을 떠나'에 방점이 찍혔다. 참 많이 받은 질문이다. 대답을 하면서 매번 새삼스럽게 깨닫는다. 우리가 꽤 큰 결정을 했다는 것을.

5년 전 그 결정을 할 당시나 막상 살고 있는 지금이나 나는 좀 덤덤하다. 원체 큰 결정을 의외로 부담 없이 하는 성격이다. 어딘가에 뿌리내리고 살고 싶다거나 살고 있다는 느낌을 갖지 못해서 어딘가로 떠나는 것을 두려워하지도 않는다. 물론 양양으로 가겠다고 결정할 때보다 양양으로 오고 나서 이곳에서의 삶을 더 좋아하게 되었다.

돌이켜보면, 10대 시절 거창과 20대의 도쿄, 그리고 지금의 양양만이 내 의지로 살 곳을 정한 것이다. 김해는 태어나서 자란 곳이고, 서울은 대학이 있어서 갔고 직장이 있어서 살았다. 거창에서 보낸 시간은 그 이후의 내 삶을 바꾼 이정표였다. '서울의 대학에 갈 때도 거창의 고등학교에 진학했을 때만큼의 이유나 열망이 있었다면, 덜 헤매고 덜 서글펐을까?' 하고 종종 생각했을 정도로 내게 고마운 곳이다. 스물네 살에 도쿄에서 보낸 시간도 참 즐거웠다. 가능하다면 계속 도쿄에서 살고 싶었다. 그곳에서라면 적당히 외롭고 적당히 자유롭고 적당히 편안하게 살 수 있을 것 같았다. 물론 돌아갈 곳이 있는 시한부 외국인 노동자였기에 가질 수 있는 여유였다.

할머니가 일본어 선생님이셨다. 어렸을 때 부산 외갓집에 가면 흑백텔레비전에서 일본어 대사가 들리곤 했다. 엄마와 이모들이 할머니와 나누는 '일본어+한국어' 조어의 대화가 외갓집의 트레이드마크였다. 수능 시험이 끝나고 차고 넘치는 시간에 책을 많이 읽었다. 그때 읽은 책 중에 요시모토 바나나의 『키친』이 있다. 앉은 자리에서 두 번을 읽었다. 이후 대학생이 된 후 학교와 서울에 적응하지 못해 방황하던 시절에 일본 소설과

영화를 많이 봤다. 좋아하는 일본 가수가 어떤 말을 하는지 궁금해서 일본어 공부를 시작했다. 몇 번 도쿄로 밤도깨비 여행을 다녀온 뒤 나와 잘 맞을 것 같다고 느꼈다. 막연히 좋을 것 같았고, 잘 지낼 수 있을 것 같았다. 내일 일본으로 간다고 할머니에게 인사 전화를 했던 날, 할머니는 내게 "がんばってね! (힘내!)"라고 말해주셨다.

양양은 도쿄만큼 확신을 갖고 선택한 곳이 아니다. 속초인 줄 알고 낙산사에 갔던 게 한 번, 여행 중에 모델 하우스에 들러 아파트를 산 게 두 번째 방문이었다. 당연히 잘 모르고 무작정 '지른' 것이다. 그래서 이곳이 내게 어떤 공간으로 남을지 나도 궁금하다. 떠날 날이 정해져 있었던 거창이나 도쿄에서의 삶과는 다르다. 나와 잘 맞지 않는다는 걸 처음부터 알았지만 떠나야 할 분명한 이유도 없던 서울과도 다르다. 내 것이 아니니 상대적으로 쉽게 떠날 수 있었던 과거의 집들과도 다르다.

왜 서울을 떠나 양양으로 왔느냐는 『모노클』의 질문에 답하기 위해 뽑아본 양양의 좋은 점은 일단 천혜의 자연환경이었다. 자연이 풍부해서 좋다. 시골이니 당연한 얘기지만, 생각했던 것보다 더 좋은 환경을 가진 곳이었다. 양양에서는 사람보다 산을 볼 일이 더 많고 수시로 바다와 마주친다. 서울에서는 주로 지하철을 타느라 풍경 볼 기회가 없었는데 여기서는 차를 타니 늘 바깥을 보게 된다. 남편과 함께 저녁 한 끼를 먹기도 어려웠던 서울에서의 바쁜 생활이 기억나지 않을 만큼 매 끼니를 함께 먹는다. 그 외에는 둘 다 친구가 많은 편도 아니고 기본적으로 집돌이, 집순이이다 보니 일상은 여전하다. 다만 즐겁다고, 행복하다고 느끼는 순간이 확실히 많아졌다. 마트 가는 길에 창밖으로 바다가 나타날 때, 미세먼지 없이 맑은 하늘에 저 멀리 눈 쌓인 설악산이 선명하게 보일 때, 공방 난로에 고구마를 구워 먹을 때, 남편과 힘을 합쳐 나무를 나를 때, '지금 참 재밌다!' 싶은 순간이 많았다.

"No matter how old you are, it's never too late to do something you like. It's worth taking a risk to be happy (나이가 몇 살이든 간에 내가 좋아하는 일을 하기에 너무 늦은 건 없다고 생각해요. 행복해지는 건 위험을 감수할 가치가 있어요)." 『모노클』에 인용으로 소개된 이 문장은 남편이 인터뷰에서 한 말이다. 나보다 예민한 편인 그는 서울을 떠나고 새로운 일을 시작하는 것에 고민이 많았다. 당시 30대 후반이었던 그는 주위로부터 귀촌을 하기에는 너무 젊고 새로운 일을 시작하기에는 조금 늦은 것이라는 말을 듣기도 했다.

나는 사과를 하거나 고마움을 표현하는 것이 아니라면 너무 늦은 것은 없다고 생각하는 편이다. 행복하기 위해서 내가 할 수 있는 선에서 하고 싶은 것을 한다면, 그렇게 보낸 시간이 즐거웠다면 그것만으로도 충분히 의미 있을 거라고 믿었다. 그래서 남편이 불안해하거나 걱정하는 모습을 보면, 격려하고 다독였다. 반대로 내가 흔들릴 때는 남편이 붙잡아주었다.

『모노클』기획에 함께 실린 다른 사람들의 'Second Life'도 유심히 보았다. 삶의 경로를 바꾼다는 건 전직 CEO 현직 필름 메이커, 전직 회계사 현직 양봉업자, 이런 타이틀로만 설명할 수 없는 어려운 여정일 수밖에 없다. 기사도 리드문에서 이를 정확하게 묻고 있다. '많은 사람이 사무실을 떠나 좀 더 충만한 무언가를 추구하는 삶을 살고 싶어한다. 하지만 당신이 실제로 그걸 선택했을 때 어떤 일이 일어날까?'라고. 누구에게도 온전히 설명하고 전달할 수 없는 마음의 파도가 하루에도 몇 번이나 우리를 찾아왔다.

시골에서 고급 원목 가구를 만드는 공방을 운영하면서 불안하지 않다면 거짓말이었다. 하지만 일을 하면서 보내는 시간을 불안에 몽땅 빼앗긴다면 너무 아쉽다고 생각했다. 할 수 있을 때 열심히 해보고, 행복한 순간에 즐겁다고 느끼고, 불안한 순간에 마음 졸이기도 하면서, 그렇게 해봐야 후회가 없지 않을까. 당시 재밌게 본 SBS 드라마「스토브리그」의 마지막 대사도 그랬다. "글쎄요. 해봐야 알겠지만 뭐, 열심히 할 겁니다. 다들 그렇지 않습니까?"

서울을 떠나 양양으로 왔다는 이유만으로, 나름 세계적으로 이름난 잡지와 영어로 인터뷰도 해봤다. 실제로『모노클』에서 우리 기사를 읽은 사람 중에 대한민국의 양양이라는 시골 마을을 의식하거나 궁금해할 사람이 얼마나 될지는 모르겠지만 말이다. 한 가지 아쉬운 점은 사진이 너무 후덕하게 나왔다는 거다. 남편도 나도 키가 큰데, "사진작가님, 너무 아래쪽에서 사진을 찍으셨어요…."

이렇게 살아도 된다

시골살이에 따라오는 질문 중에 심심하거나 외롭지 않으냐는 것이 있다. 내가 양양에서 느끼는 약간의 고립감은 분명히 있다. 하지만 이것은 심심한 것도, 외로운 것도 아니다.

이를테면 일상에서 쉽게 만나는 논밭이 이어진 풍경을 보면서 느끼는 막연한 평화와 두려움이 섞인 감정이다. 여기서 나는 아무것에도 속박되지 않았지만 그만큼 아무것도 확실하지 않은 공간에 있다는 느낌이다. 양양에서 살기 시작한 지 얼마 되지 않았을 때 자주 느꼈던 감정이다. 그래서 2019년 8월에 공방으로 찾아온 귀한 손님들이 참 반가웠다.

주로 나와 남편 둘만 있는 공방에 큰 이벤트와 함께 많은 손님이 찾아왔다. 서울에서 브랜드 워크샵 '몽몽'으로 인연을 맺은 김연서 님의 제안으로 '브랜딩와이'의 자기다움 트립을 우리 공방에서 함께 진행하게 됐다.

처음 해보는 이벤트이고 생각보다 규모가 커서 걱정도 많았다. 멀리서 일부러 시간을 내서 오는 분들이 좋은 경험을 하고 가야 할 텐데, 무엇을 어떻게 준비해야 하나 고민했다. 마침 모기가 많은 계절인 것도 걱정이었다. 다행히 세심한 연서 님이 하나부터 열까지 꼼꼼히 계획하고 챙긴 덕에 큰 무리 없이 수월하게 진행할 수 있었다. 처음에는 전세 버스를 준비한다고 해도 서울에서 양양까지 올 수 있는 사람이 얼마나 될까 싶었지만, 생각보다 많은 사람이 와주었다. 무엇보다 우리가 만든 공간에서 편안함을 느껴주어 고마웠다.

나는 '자기다움'에 대한 짧은 토크를 했고, 우리 부부가 서울이 아닌 곳에서 살기로 결정한 후 준비한 일들, 곰프레스를 만들고 우드샵 다움을 운영하는 일련의 과정을 이야기했다. 하고 싶었던 이야기는 결국 하나였다. 행사를 앞두고 연서 님과 진행한 사전 인터뷰에서 말한 내용이다. "이렇게 살아도 된다는 이야기를 하고 싶어요. 제가 대단한 경험을 하거나, 엄청나게 재미있게 살고 있어서가 아니에요. 삶이라는 게 선형적으로 쭉 나아가는 게 아니라는 것, 갔던 길을 되돌아가기도 하고 옆길로 새기도 하고 하염없이 뒤로 가기도 하고, 그렇게 살아도 된다는 것을 이야기하고 싶습니다."

성인이 된 후 서울에서 여러 직업과 직장을 거치면서 살았다. 딱히 직급이란 게 없는 회사에 다니기도 했고, 프리랜서로 일하기도 했다. 사원이었다가 다른 업계 경력을 거쳐 과장으로 입사하기도 했다. 서울에서 다녔던 마지막 회사에서는 차장으로 퇴사했다. 선형적으로 쭉 성장하는 삶이 주는 단단한 안정감이 내게 없다는 게 두려웠던 적도 있다. 사원으로 입사해 한 단계씩 진급하는 형태로, 또는 해마다 연봉이 오르는 식으로 (이게 정답이라는 의미가 아니라, 이런 방식으로라도) 삶이 조금씩 플러스 방향으로 나아가는 느낌을 갖지 못했다. 일의 형태가 계속 바뀌고 연봉이 들쑥날쑥하는 와중에, 그나마 옥탑방에서 다세대 연립으로, 월세에서 전세로 이사하는 것에서 얕은 안정감을 느끼기도 했다.

결혼을 하고 얻은 것도 안정감은 아니었다. 안정감을 기대하고 결혼을 선택한 것도 아니었다. 애초에 '결혼=안정'이라는 공식이 이해가 되지 않았다. 나 혼자 살 때는 내가 나를 먹이고 보호하고 성장시키면 된다. 내가 나와 싸워 일으키는 갈등이 없지 않지만, 내가 남과 갈등하면서 이견을 조율하고 맞춰가는 과정보다는 '심플'하다. 결혼을 해서 나와 전혀 다른 사람과 이인삼각 달리기를 하는 것보다 혼자 달리는 것이 단순해서 더 안정적이라고 생각한다.

자식도 있는 쪽이 없는 쪽보다 불안정한 게 더 이치에 맞는다고 생각한다. 직접 경험하지 않았지만, 자식을 키운다는 건 처음부터 끝까지 예측 불가능한 미션을 수행해나가는 것일 수밖에 없으니 안정성이라는 측면에서만 놓고 본다면 셋이나 넷보다 둘이나 혼자가 더 안정감이 있다고 생각한다. 물론 성인 두 사람이 결합하는 경제적 안정감이나 애정에 기반을 둔 가까운 관계에서 획득할 수 있는 심리적 안정감이 있다는 점은 공감한다. 하지만 이것이 1인 가구로 사는 것과 2인 부부 가구나 3인 이상 부부와 자녀 가구의 안정감을 절대적으로 비교하는 기준이 될 수는 없다.

실제로 내가 결혼생활을 통해 얻은 것도 안정감보다는 재미였다. 나와 남편은 성격은 물론이고 결혼 전까지 자라온 환경과 살아온 방식도 많이 달랐다. 거칠게 말해, 나는 책과 인터넷으로 세상을 배웠고 그는 직접 몸으로 세상을 겪으며 배웠다. 무엇이 더 낫다거나 옳다는 게 아니라 정말 달랐다. 그래서 그를 통해 지금까지 경험하지 못한 세상을 보고 배웠다. 안 해 본 게 많은 나를 위해 해 본 게 많은 그는 이런저런 것을 새롭게 경험하게 해주었다.

그와 함께라서 처음 가 본 미국에서 1,600km 자동차 여행을 할 수 있었다. 그에게 운전과 스노보드를 배우고, 요리와 살림,

그리고 목공을 배웠다. 서울을 떠나 양양으로 가는 안정감과 거리가 먼 결정도 그가 있어서 할 수 있었다. 나는 결코 도전이나 위험, 스릴을 즐기는 편이 아니다. 하지만 돌아보면 남들이 놀랄 정도로 '용감한' 결정을 하곤 했다. 사실은 몰라서였다. 그게 불안정하고 그래서 위험한 도전이라는 걸 의식하지 못했다. 양양행을 결정하고 주위의 반응에 당황했던 것도 이 때문이다. '아니, 사람들이 이렇게 놀랄 정도로 용감한 선택을 한 건가?' 싶었다.

양양 아파트를 사면서 처음으로 내 명의의 집을 갖게 되었다. 그런데 내 집을 샀다는 사실이 대단히 감격스럽지는 않았다. 새집, 넓은 집의 안락함이 주는 즐거움은 물론 있었지만 좀 덤덤했다. 그때 알았다. 내가 서울에 계속 살았어도, 서울에서 집을 샀어도. 회사에 계속 다녔어도, 부장이 되고 임원이 되는 경로를 따랐어도 나는 그 사실에 감격하거나 안정감을 느끼는 사람은 아니라는 것을 말이다. 나는 세상 무엇보다 내가 제일 소중하다. 그래서 경제적, 물리적 환경이 주는 안정감보다 내가 충실함을 느끼는 상황이나 상태에, 내가 훼손되지 않는다고 느끼는 공간이나 관계에서 안정감을 느끼는 사람이라는 것을 새삼 깨달았다.

서울과 잘 맞지 않았던 것도 이 때문이다. 타이밍이 중요하다고 하지 않나. 내가 만약 좀 더 어렸을 때 혹은 좀 더 나이가 들었을 때 서울을 경험했다면 다른 방식으로 관계를 맺었을 수도 있다. 열아홉 살부터 서른일곱 살까지 서울에서 살았던 시기는 경제적으로도, 심리적으로도 불안했다. 내가 연약했던 시기였기에 서울에서 살면서 내가 마모된다고 느낀 순간이 많을 수밖에 없었다. 그래서 나를 지키기 위해 다른 곳을 찾아 나선 것이 아닐까. 이런 고민을 안고 서울에서 살아가고 있는 사람들이 나 이외에도 무수히 많을 거라 생각한다.

많은 이들이 지적하듯이 나 또한 한국 사회의 문제가 담론도, 상상도, 사유도 납작하고 빈약한 것에서 비롯한다고 생각한다. 평균적인 것이 옳은 것이라고 믿는 사회에서 다른 것은 쉽게 틀린 것이 된다. 특히 대도시는 서민에게 더 가혹하다. 각자의 결이 다른 풍성한 욕망을 인정하지 않고, 이를 납작하게 눌러야 안정적으로 살 수 있다고 말한다. 나 역시 천만 도시의 서울에서 서민으로서 시간도 돈도 여유도 충분하지 않았다. 그래서 자꾸만 나를 쪼그라들게 하는 삶 대신 다르게 살아보고 싶었다.

그럼에도 불구하고, 양양에서 잘 살아갈 수 있을지 때때로 불안하고 두려웠다. '자기다움 트립'으로 공방을 찾아 준 낯선 사람들과의 만남에 원초적인 반가움을 느꼈던 것도 그 만남이 불안을 다소 해소하게 해주어서다. 엄청나게 대단하고 극적이고 흥미진진한 삶을 사는 것은 아니지만, 여기서 이렇게 살아가고자 결심하고 살아보려고 하는 사람이 있다는 것을 전하는 기회가 주어진 것이 고마웠다. 동시에 우리의 모습이 그들에게 작게나마 자극이 될 수 있기를 바랐다.

'이렇게 살아야 한다는 것'은 당연히 아니다. '이렇게 살면 좋다는 것'도 아니다. 다만 '이렇게 살아도 된다는 것'을 이야기하고 싶었다. 세상 주류의 기대와 자신이 원하는 것이 다른 사람도 있다. 그렇다면 세상을 조금은 무시해도 되지 않을까? 혹시 당신도 나와 비슷한 생각을 한다면, 이런 삶도 한 번 참고하시라고 보여줄 수 있으니 좋지 않을까 생각했다. 결과가 어땠는지, 손님들에게 무엇이 전해졌는지는 모르겠다. 다만 손님들에게 들려줄 이야기를 준비하면서, 우리의 결정을 되짚어보면서 새삼 깨달았다. 내가 여기에 온 이유를, 여기서 어떻게 살고 싶은지를 말이다.

공방이 있었는데, 없습니다

『모노클』과 인터뷰에서 인터뷰어 제임스는 "왜 (서울을 떠나면서 새롭게 시작한 일이) 목공이었나?"라고 물었다. 양양에 집을 사고 나서 남편은 회사를 그만두었다. 그리고 목공을 시작했다. 공방을 하기 위해 일부러 양양에 간 것이냐고 묻는 사람들이 많았다. 아니다. 양양 아파트를 짓는 동안 서울에서 보낸 2년간 그는 양양에서 할 수 있는 일을 미리 준비하려고 했다. 여러 가능성을 두고 생각하다 정한 것이 목공이었다.

    남편이 직접 목공을 하면서, 내가 옆에서 그 모습을 지켜보면서 목공이 더 좋아졌다. 나무로 가구를 만드는 일이 재미있고 가치 있는 일이라는 생각이 더 강해졌다. 동시에 이 나라에서 목공으로 먹고살기가 쉽지 않다는 것도 알게 되었다. 특히 양양은 가구 공방을 하기에 어려운 지역이었다. 공방 자리를 구하는 것부터 어려웠다. 시골이니 널린 게 창고일 줄 알았다. 제주도에 감귤 관련 창고가 많은 것처럼 말이다. 적절한 규모의 창고가 있으면 잘 고쳐서 사용하려고 했다.

하지만 양양은 제주도만큼 인구가 많지 않은 곳이고, 당연히 창고도 적었다. 게다가 공방을 하기에 적당한 위치, 적절한 크기의 창고는 전혀 없었다. 나무는 습기에 예민하고 공방은 기계 소음이 크다. 그래서 바닷가도 안 되고 읍내도 안 된다. 결국 하조대 바닷가에서 2km가량 떨어진 현북면에서 창고를 하나 구했다. 예전에 농협에서 농기계 수리센터로 쓰던 곳으로 너무 크고 높고 낡은 곳이었다. 작업장은 제대로 된 냉난방 시설을 설치하기도 어려운 상태였다. 그나마 겨울에는 난로를 사용했지만, 천장이 4m가 넘고 지붕과 벽 사이에 틈이 너무 커서 에어컨은 설치할 엄두도 내지 못했다. 하지만 대안이 없었고, 그곳에서 시작하기로 했다. 결국 남편은 3년 내내 여름에는 땀을 비처럼 흘리고, 겨울에는 추위에 몸이 굳은 채 일을 했다.

우드샵 다움은 월넛, 블랙체리, 오크 등 북미산 하드우드로 원목 가구를 만들었다. 그런데 지나가다 공방에 들러 문의를 하시는 분들이 생각하는 원목 가구는 소나무와 같은 소프트우드나 MDF로 만드는 것이었다. 수입 하드우드 목재는 그것보다 단가가 높다. 단단한 만큼 만드는 과정도 어렵고 공이 많이 들어간다. 당연히 제품 가격도 더 높다. 일부러 찾아오신 분들에게 "당신들이 원하는 원목 가구는 없습니다"라고 설명하는 일이 늘 어려웠다.

    온라인 사이트를 운영했지만 사진으로 가구를 온전히 보여주기는 굉장히 어렵다. 가구는 제대로 사진을 찍는 것부터 어렵다. 다행히 남편이 예전에 사진 일을 한 적이 있어 공방 한쪽에 촬영 스튜디오를 만들어서 직접 사진을 찍을 수 있었다. 하지만 가구는 직접 보고 만져보고 사는 게 익숙한 제품이다. 유동 인구가 많은 해변에 쇼룸이라도 있으면 좋겠지만, 쇼룸을 따로 운영하는 비용이 많이 들 뿐만 아니라 원목 가구는 바닷가 습도에 망가지기 십상이다. 홈페이지와 인스타그램, 페이스북만이 우리가 가구를 보여줄 수 있는 통로였다.

    배운 게 도둑질이라고, 내가 브랜딩과 마케팅을 담당했다. 직원이라고는 우리 둘밖에 없지만 정식으로 회의도 하고, 정기적으로 워크샵도 진행했다. 우리가 만들 수 있는 우드샵 다움의 경쟁력은 우드샵 다움에서만 살 수 있는 원목 가구를 파는 것이었다. 흔히 볼 수 있는 유명 제품을 카피한, 쉽게 만들 수 있는 단순한 디자인의 가구가 아닌 아름답지만 흔하지 않고, 견고하면서 세련된 원목 가구를 지향했다. 나 스스로 우드샵 다움의 첫 번째 고객으로서 원목 가구의 매력을 알아가고 있었기에 가능한 많은 사람에게 너무 부담되지 않는 수준에서 마음에 드는 원목 가구를 갖는 즐거움을 전하고 싶었다.

가구에서 디자인의 독창성을 논하는 것은 굉장히 어렵다. 어쩌면 불가능한 일이다. 가구의 역사는 길다. 용도에 따른 디자인 한계가 분명하고, 굉장히 오랜 시간 동안 끊임없이 만들어졌으니 새로운 가구 디자인이 이전의 것에 영향을 받지 않을 수 없다. 그러나 적극적으로 다른 가구의 디자인을 표절하는 것은 전혀 다른 이야기다. 하지만 시중에 판매되는 가구 중 많은 경우가 업체마다 서로 적극적으로 참고하고 베낀 결과물이다. 게다가 한국의 많은 소비자가 이를 개의치 않는다. 유명한 가구 디자인을 도용해서 'OOOst'를 당당하게 내세운 제품도 잘 팔린다.

제대로 만든 가구를 소유하는 것에 대한 생각도 다르다. 나도 오랫동안 자취를 하면서 값싼 가구를 사용했다. 그때는 이케아도 없던 시절이라 중고 제품 가게에서 상태가 덜 나빠 보이는 책상과 의자, 옷장을 사서 썼다. 남편도 마찬가지다. 손재주가 좋은 사람이라 저렴한 DIY 제품을 사서 직접 조립해서 썼다. 결혼을 해서 살림을 합쳤을 때도 우리는 침대와 소파만 브랜드 제품으로 구매했다. 책상과 옷장은 DIY 제품을 사서 조립했다. 가구에 대한 지식도 욕망도 없었던 시절이었다.

하지만 남편이 직접 원목 가구를 만들고, 샘플로 만든

가구를 집에서 직접 사용하면서 좋은 가구, 무엇보다 제대로 만든 가구에 눈을 떴다. 가구는 보기 좋은 만큼 쓰기 좋고 안전해야 한다. 원목 가구는 수축과 팽창을 반복하는 특성상 철물 결합을 최소화하는 것이 좋다. 화학 본드 역시 최소화하는 것이 좋다. 그러다 보니 튼튼하고 안전하면서도 원목의 특성을 잘 살린 결구법이 중요하다. 우드샵 다움이 '짜맞춤 기법'(손이 많이 가고 어려운데 소비자는 잘 모르고 신경을 별로 쓰지 않는다)과 인체에 무해한 식물성 오일 마감으로 가구를 만든 이유도 이 때문이다.

좋은 원목을 골라 쉽게 베끼지 않고 고심해서 디자인하고, 꼼꼼하게 자르고 짜 맞춰서 좋은 오일로 마감하는 것은 원목 가구를 제대로 만드는 기본 중의 기본이다. 하지만 실제로 이렇게 만든 가구는 많지 않다. 시간과 돈과 노력이 많이 들지만 알아주는 사람이 적고 당연히 수익도 적기 때문이다. 그래도 우리는 우드샵 다움에서 취향을 담은 '나다운' 가구를 주문 제작한 고객이 매일 일상에서 가구를 보고 사용하면서 기분이 좋아지길 바랐다. 물론 집 안의 모든 가구를 고가의 원목 가구로 갖출 필요는 없다. 다만 의자 하나, 테이블 하나라도 내 마음에 드는 좋은 가구를 가진다면, 그것이 주는 만족감이 일상을 받치는 힘이 될 수 있다고 믿었다. 그래서 홈페이지의 회사 소개를 아래와 같이 썼다.

당신은 어떤 하루를 보내고 싶으세요?

어떤 곳에서 밥을 먹고, 커피를 마시고, 책을 읽고,
이야기를 하고, 추억을 보관하고 싶으세요?

가구는 한 번 구입하면 오래 쓰는 제품입니다.

일상생활에서 계속 보고 쓰는 제품입니다.

튼튼하고 안전한 것은 기본입니다.

무엇보다 내 취향에 맞는, 나의 취향을 담은 것이어야 합니다.

덴마크 사람은 첫 월급을 받으면 의자를 산다고 합니다.

비용과 수고를 들여 가구를 고르고 사는 것은 나의 취향을
가꾸고 다듬어 행복한 일상을 일구는 것이기도 합니다.

'다움'은 취향의 다른 말입니다.

취향은 나의 마음이 향하는 것,
결국 '자기다움'이 녹아있는 것이기 때문입니다

우드샵 다움은 당신의 취향을 오롯이 품은 가구를 만듭니다.

우드샵 다움은 합당한 가치를 담은 재료와 디자인으로
정직한 가구를 만듭니다.

마음에 드는 공간은 기분이 좋은 공간입니다.

우드샵 다움은 좋은 가구는 일상을 받치는 힘이
된다고 믿습니다.

우드샵 다움은

공간의 공기를 바꾸는 가구를 만듭니다.

좋은 취향의 공간을 만드는 가구를 만듭니다.

나다운 공간을 완성하는 가구를 만듭니다.
보다 나은 일상을 위한 가구를 만듭니다.

    1년간의 제품 개발을 거쳐 2019년 5월에 홈페이지를 열면서 세운 목표는 '양양에서 가구 공방을 하면서 먹고살 수 있는 것'이었다. 양양이 아니거나 혹은 가구 공방이 아니라면, 먹고사는 게 더 쉬울 수 있었다. 양양에서 먹고살기 위해서는 가구 공방이 아니라 다른 일을 하는 게 나을 수 있었다. 가구 공방을 한다면 양양이 아니라 서울이나 다른 대도시에서 하는 게 당연히 더 나았다. 우리가 이 어려운 과제를 지치지 않고 즐기면서 어떻게 해결해나갈 수 있을까? 결론부터 이야기하면, 우리는 성공하지 못했다. 2021년 5월, 공방 자리를 계약한 날로부터 딱 3년 만에 공방을 정리하고 폐업 신고를 했다. 이 이야기는 (눈물 좀 닦고) 뒤에서 다시 하겠다.

시골에서 겨울나기 쉽지 않다

겨울을 좋아하지 않는다. 워낙 추위를 많이 타는 데다 옷도 두껍고 무거워지고, 해가 일찍 지는 겨울이면 귀찮은 일이 더 많아진다. 눈도 잘 오지 않는 따뜻한 남쪽에서 태어나 자랐다. 그때도 겨울이면 너무 추워서 치마 교복을 입던 중학생 때는 울면서 등교를 한 적도 있다. 양양으로 간다고 했을 때 나를 아는 친구들은 추운데 괜찮겠냐고 걱정했다. 정말 다행히도, 양양은 강원도지만 생각만큼 춥지는 않다.

나 역시 강원도 출신 남자와 연애를 하기 전에는 인식하지 못했지만, 강원도는 정말 크고 넓어서 행정구역상 강원도로

묶이는 지역들 사이에 굉장한 차이가 있다. 양양이 포함되는 강원도 내 영동 지역은 겨울 평균 기온이 서울보다 높다. 여름 기온은 서울보다 낮은 편이다. 그리고 살고 있는 아파트는 신축이고 남동향이라 춥지 않다. 문제는 공방이었다.

공방은 농협에서 농기계 수리 센터로 사용하던 곳이다. 지붕이 있지만 벽과 틈새가 있다. 오래된 철문 틈 사이로 바람이 들어온다. 천장이 높아 기름을 쭉쭉 먹는 난방기를 돌려도 작업실 전체가 따뜻해지지는 않는다. 공방에서 맞은 첫 번째 겨울에 남편이 고생을 많이 했다. 당시 나는 서울에서 회사를 다니면서 주말에만 내려오던 시절이라 공방이 춥긴 해도 내복에 보드복을 입고 털모자를 쓰면 몇 시간은 견딜만했다. 겨울이면 무릎까지 눈이 쌓이고 여름에도 에어컨이 필요 없는 강원도 내륙 지역에서 자란 남편은 추위를 많이 타지 않는다. 하지만 넓고 높은 공방에서 온종일 있다 보면 그도 몸이 얼고 볼이 빨개질 수밖에 없었다.

내가 공방에 매일 출근하고 사무실에서 일하게 되면서 두 번째 겨울을 앞두고 사무실에는 석유 난로를 들였다. 그전까지 사무실에서 쓰던 라디에이터는 내게 줄곧 로망이었던 물건이었지만, 10대와 20대에 한 번씩 추위로 인해 발가락 동창에 걸린 적 있는 나에게는 열기가 부족했다. 결국 30대에도 발가락 동창에 걸렸다. 알고 싶지 않았지만 초기 동창에는 안티푸라민 연고가 효과가 있다는 점을 알게 되기도 했다.

　석유 돈풍기(연통이 돼지 창자 모양을 닮아서 이런 이름이 붙었다는데, 한 번 돌릴 때마다 사용하는 기름양이 어마어마해서 나는 돈 먹는 돈풍기라고 부른다)를 돌리던 작업실에는 기름값도 아끼고 늘 쌓이는 톱밥도 쓸 겸 새 톱밥 난로를 들였다. 남편이 직접 연통을 사서 난로에 연결했다. 새로 들인 톱밥 난로에 나무도 넣어보았다. 톱밥은 잘 타지만 그만큼 불이 빨리 식어서 아쉬웠다. 마침 아버님이 땔감용 나무를 트럭에 한가득 주셨다. 확실히 나무의 화력이 더 좋았다. 난로가 시뻘겋게 달아오를 정도였다.

　그런데 이게 웬일인가! 어느 날 갑자기 난로에서 연기가 나더니 검은색 액체가 연통 틈새로 흘러나왔다. 알고 보니 목초액이었다. 나무가 숯이 되면서 발생한 연기가 외부 공기와 접촉해 액화한 것이었다. 덜 마른 나무를 태우거나 연통이 막히면 목초액이 생기기 쉬워 정기적으로 연통 청소를 해줘야 한다는 걸 몰랐다. 가스보일러를 쓰는 서울에서 살았기에 난로를 써본 적이 없어서 놓친 부분이었다. 부랴부랴 연통을 해체해보니 석탄 조각 같기도 한 숯 검댕이가 마치 동맥에 쌓인 콜레스테롤처럼 덕지덕지 붙어 있었다. 돌아서면 자라있는 무성한 풀과 생존력이 어마어마한 모기에 이어 시골살이의 어려움을 또 하나 경험했다.

시골에서 겨울나기 쉽지 않다

시골에서 살지만, 아파트에서 살다 보니 이런 일을 예상하지 못했다. 석유 난로는 기름(=돈)을 많이 먹어서 문제지 환기만 잘 해주면 별로 손 갈 일이 없었다. 이런저런 일을 다 겪어 본 그도 나무를 태우는 난로는 처음이었고, 연통 청소를 주기적으로 해야 한다는 걸 알지 못했다. 공교롭게도 매우 추운 날이라 공방 마당에서 덜덜 떨면서 연통을 청소하고 다시 설치했다. 목초액이 생기는 걸 방지하기 위해 연통은 수직으로 높게 세우는 것이 가장 좋고 최대한 수평으로 지나는 부분을 줄여야 한다고 해서 다시 조립했다. 그러고 보니 동네 주택의 연통들이 모두 하늘을 향해 곧게 뻗어있었다. 우여곡절 끝에 다시 화력 좋은 난로로 돌아왔다. 처음으로 제대로 경험한 공방의 겨울은 만만치 않았다. 그 어느 때보다 봄을 기다리는 마음이 컸다.

시골에서 산다는 건 당연한 것이 당연하지 않다는 걸 깨닫는 일의 연속이다. 예를 들어 아파트를 사고 나서 도시가스가 아니라 LPG 가스로 난방을 한다는 것에 놀랐다. 서울에서는 허름한 빌라에 살 때도 도시가스였으니, 도시가스가 없는 동네를 상상해본 적이 없었던 거다. 해가 지고 나서는 늦은 저녁을 먹을만한 식당이 없다는 걸 알았을 때도 놀랐다. 언젠가 공방에서 늦게 퇴근을 해서 8시 즈음 읍내에서 저녁을 먹고 집에 가려고 했다. 그런데 식당 대부분이 문을 닫았고, 불이 켜져 있어 들어가 보면 정리를 하고 계셨던 건지 반가워하지 않으셨다.

동네에 이마트나 맥도날드가 없다거나 혹은 올리브영이 없다는 건 오히려 예상했던 일이라 아쉽긴 해도 그런가 보다 했다. 하지만 뽑고 나서 돌아서면 무성하게 자라있는 풀에 좀처럼 적응하기 쉽지 않은 것처럼, 시골이니까 당연한 것으로 알고 받아들여야 하는 일들에 아직은 '예상 못 함-놀람-이해-납득'의 과정을 거치지 않을 도리가 없다.

또, 초보운전

양양에서 살면서 다시 운전을 시작했다. 20년 경력 베스트 드라이버 옆에서 창밖으로 풍경이나 보고 휴대폰이나 만지작거리던 좋은 시절이 다 갔다. 양양에 온 후 운전면허증을 갱신했다. 면허를 딴 지 10년이 지났다는 의미다. 열아홉, 스무 살에 따는 사람이 많은 걸 생각하면 처음 딸 때도 스물여덟 살이었으니 이른 나이가 아니었다. 당시는 차를 살 형편도 아니었고, 서울의 자랑인 촘촘한 지하철만으로 충분했으니 면허가 필요하지도 않았다.

    운전면허를 생각하면 아픈 기억이 많다. 면허를 딴 건 스물여덟 살이었지만 처음 도전한 건 스물여섯 살이었다. 1종으로 시작했다. 필기는 생각보다 어려웠고 기능은 생각보다 쉬웠다. 학원에서 알려준 기어 바꾸는 공식, 일렬 주차하는 방식을 외워서 100점으로 통과했다. 그래서 도로주행은 학원을 다니지 않고 바로 면허시험장으로 갔다. 이게 문제의 시작이었다. 도로주행 시험을 보러 다녔던 날들은 눈물 없이 들을 수 없는 이야기다. 말 그대로 길바닥에서 울면서 시험을 보러 다녔기 때문이다.

당시 도로주행 코스였던 상암동 쪽은 이후 다른 일로 지나가도 기분이 좋지 않을 정도였다. 그도 그럴 것이 도로주행만 다섯 번 떨어졌다. 서류에 인지 붙인 곳이 두툼해졌다. 유턴을 하다 시동을 꺼트리고, 코스를 이탈하고, 정말 난리도 아니었다. 감독관인 경찰관이 화를 내면서 내리라고 한 적도 있었다. 그래서 스물여덟 살에 도전한 두 번째 도로주행은 2종으로 바꾸고 바로 학원에 등록했다. 역시 학원 최고! 돈 최고! 무사히 도로주행 시험을 통과했다. 하지만 그 후로 한 번도 운전대를 잡지 않았다.

결혼을 하고 이사를 한 뒤 차가 필요해졌다. 집에서 대학원까지 대중교통으로 왕복 4시간이 걸렸기 때문이다. 다시 운전학원에서 연수를 받고 남편에게도 연수를 받았다. 남편에게 너무 화가 나 아파트 주차장 바닥에 주저앉아 그런 식으로 말하지 말라고 소리치며 울었던 날도 있다. 어쨌든, 그는 원리와

요령을 잘 가르쳐주는 선생님이었다. 덕분에 일주일에 한두 번이지만 강동구의 집에서 구로구의 학교까지 운전을 했다. 길을 잘못 들어서 서해안고속도로를 탈 뻔한 날도 있었다. 꽉 막힌 양재동 도로 위에서 남편에게 울면서 전화한 날도 있다. 하지만 친구 집들이에서 거나하게 취한 그를 조수석에 태우고 목동에서 집까지 운전해서 온 날도 있었다.

대학원 졸업 후 회사에 다니면서 대중교통 생활로 돌아갔다. 주차장이 없는 강남의 회사에 차를 갖고 갈 수 없었다. 양양에 내려와서도 운전은 늘 남편이 했다. 시골이니 서울보다 차도 적고 운전하기 쉬울 거라고 생각한 게 오산이었다. 양양은 초보 운전자에게 쉽지 않은 곳이었다. 읍내의 2차선 도로는 양쪽으로 주차 차량이 빼곡했다. 신호를 지키지 않거나 깜빡이를 켜지 않는 차도 너무 많았다. 좁은 도로를 날렵하게 운전하는 경차는 도로의 위협자였다. 무단횡단을 하는 사람이 많아 운전을 하는 게 겁났다.

그러다 어느 날 다시 운전이 하고 싶어졌다. 양양에 살면서 운전을 하지 못하면 안 된다는 걸 깨달아서다. 가끔 바다를 보러 가고 싶거나, 카페에 가고 싶을 때 자유롭게 다닐 수 없다는 게 불편하기도 했다. 남편이 갑자기 아플 때 택시가 없으면 어쩌나 하는 걱정도 들었다. 무엇보다 양양의 대중교통이 지금보다 더 좋아지기는 어려울 테니, 내가 운전을 할 수 있어야 했다.

시골에서 살면 도시에 비해 좋은 점도 있지만, 불편한 점도 많다. 대중교통 시스템의 열악함도 그중 하나다. 어려서부터 버스를 좋아하지 않았다. 멀미가 심했다. 시내버스를 타면 환자처럼 잠이 들어 엄마가 혼자 버스를 태우면 걱정할 정도였다. 나중에 알게 된 건데 이것도 멀미의 일종이라고 한다. 서울에서 좋아한 몇 가지 중 지하철이 있다. 지하철은 멀미도 하지 않고, 시간도 잘 맞출 수 있고, 역이름만 잘 보고 찾아가면 되니 길치인 내가 헤맬 일이 적었다. 앉아서 책을 읽거나 인터넷 서핑을 할 수도 있다. 하체가 부실한 내가 이리저리 흔들리며 스텝이 꼬일 일도 버스에 비해 적었다.

서울은 내게 지하철 노선도, 지하철 역명을 기준으로 구획된다. 신촌 옆에 홍대, 홍대 옆에 합정, 청담 옆에 강남구청, 그리고 학동 이런 식으로 말이다. 지하철을 선호해서 서울 지리를 잘 모르는 부작용도 있다. 20년 가까이 서울에서 살았지만 길을 잘 모른다. 버스를 좋아했으면 서울과 더 친해졌을 수도 있다. 한 친구는 나와 달리 버스를 좋아해서 일부러 버스를 탄다고 했다. 버스 창밖으로 보는 서울의 풍경을 좋아한다고 했다.

나는 결혼을 하기 전까지 내내 지하철만 탔으니, 서울의 얼굴을 유심히 볼 기회가 없었다. 자주 보았으면 더 좋아할 수도 있었을까. 양양에서는 가끔 버스를 탄다. 하지만 다른 이유로 풍경을 보기가 어렵다. 버스 주행 속도가 너무 빨라서 내내 손잡

이를 붙잡고 앞만 보고 있어서다. 솔직히 타기가 무서울 정도다. 버스에 승객이 많지 않고 도로에 차도 많지 않으니 빨리 달리고 싶은 마음을 모르지 않지만, 그 적은 승객의 대부분이 노인인 걸 고려하면 너무 위험하다.

이런저런 이유로 열심히 운전을 하고 있다. 걸어 다니는 게 속 편하지만 면허를 딴 지 10년도 지났으니 초보운전 딱지를 떼기는 떼야 하니까. 아직은 옆에 차가 있으면 주차하는 게 두렵고, 어디선가 '빵!' 소리만 들려도 나도 모르게 비상 깜빡이를 켜게 된다. 초보는 비상 깜빡이를 켜서 '고맙다, 미안하다'는 표현만 잘해도 다른 운전자가 이해해준다고 배웠다. 남대천 뚝방길에 차와 사람이 가득한 양양 오일장이 서는 날이면 아침부터 긴장해서 배가 아프지만, 꾸역꾸역 운전을 하고 있다. 여기서 계속 살려면, 운전은 필수니까.

코로나 시대의 시골 제조업 자영업자

코로나19의 영향이 이렇게 오래갈 줄 몰랐다. 서울 집을 정리하고 완전히 양양에 온 게 2019년 5월이었다. 2019년 하반기는 공방 홈페이지를 열고, 제품 판매를 준비하느라 정신없이 보냈다. 여름에도 서핑은커녕 바다에 몸 한 번 담그지 못했다.
마침내 2020년 1월 정식으로 우드샵 다움의 제품을 내놓기 시작했다. 그리고 모두가 알듯이 코로나 시대가 열렸다. 이미 해를 넘겨 지속하고 있는 지금에 와서는 익숙해진 것인지 체념한 것인지 덜 막막한 기분이지만, 2020년은 정말 힘들었다. 특히 상반기는 적응하지 못해 어리바리하게 지내느라 시간을 통으로 날린 듯하다. 커다란 빵 덩어리의 중간을 누가 베어먹어 버린 듯 시간이 뭉텅이로 지나간 것 같지만, 또 곰곰이 살펴보면 오롯이 계절 변화를 느낀 시골살이였다.

나는 면역력 쓰레기에 체력도 좋지 않아 코로나가 더 위협적이었다. 다행히도 공방에서 남편과 둘만 일하고, 개인 일도 컴퓨터만 있으면 어디서든 할 수 있어 일에 지장을 받지는 않았다. 게다가 우리는 둘 외엔 양양에 친구도 없었다. 딱히 사교 활동을 못 해 어려움을 겪지 않았다. 코로나19 발생 초기에는 양양이 나름 청정지역이라 수도권에서 확진자가 무섭게 증가할 때도 안전했다.

서울이 아니라서 이 정도 평온함이 가능하다는 걸 실감한다. 서울이었다면 매일 마을버스와 지하철을 타고 출퇴근하고, 재택근무는 생각도 못 할 회사에 다니고 있었을 테니 지금보다 훨씬 불안했을 거다. 물론 읍내에는 아직 마스크를 쓰지 않고 다니는 어르신이 종종 계셔서 불안할 때가 있었다. 공방 문에 붙여둔 안내문이 무색하게 마스크를 쓰지 않고 안으로 불쑥 들어오는 분들도 있었다. 그래도 하루에 접촉하는 사람 수가 확연히 적어서 다행이었다.

양양을 충분히 알지 못한 채 살기 시작해서 놀라는 일도 있지만 예상하지 못한 선물을 받는 일도 있다. 주로 환경에서 오는 것이다. 미세먼지가 거의 없고, 바다와 산뿐 아니라 강과

호수도 있다. 코로나로 전 세계가 혼란한 시국에 이 정도나마 마음이 평온한 건 풍경 덕이 크다. 내가 '허스키'라고 부르는 눈 쌓인 설악산과 그러데이션이 정말 예쁜 이름 모를 꽃들이 눈을 맑게 해준다. 물론 이런 건 서울에도 있었을 거다. 북한산은 얼마나 예쁠 것이며 서울의 자랑인 한강은 또 얼마나 보기 좋을 것인가. 하지만 그것들을 지켜보며 살 마음이 그때 거기에는 없었을 뿐이다.

    코로나로 인해 쉬는 날 카페에 가지 못하는 건 아쉽다. 집순이지만 가끔 카페에 가서 남이 만든 커피를 먹고 싶다. 코로나가 시작된 후 쉬는 날에는 청소를 하고 책을 읽고 오랫동안 욕조에 몸을 담그는 정도가 휴식의 전부였다. 남편은 코로나가 시작되기 전에 산 드론을 열심히 조립했다. 하지만 완성을 하고도 좀처럼 밖에 나가기 어려운 날들이 이어졌다. 어느 날은 마스크를 쓰고 집 앞 종합운동장에 갔다. 다행히 아무도 없었다. 텅 빈 운동장에서 그가 드론 연습을 하는 동안 나는 달리기를 했다. 어느 날은 등교가 연기되어 텅 빈 중학교 운동장에 갔다. 역시 그는 드론 연습을 하고 나는 달리기를 했다. 그의 드론 비행과 나의 달리기는 닮았다. 지속 시간이 10분 이내로 굉장히 짧다.

    2021년이 끝나가는 지금까지도 코로나는 현재진행형이다. 그리고 코로나 시대에 시골살이의 평온함에 비해 자영업자로서의 생존은 녹록하지 않았다. 올해 초 우리는 우드샵 다음을 그만

하기로 결정했다. 5월 초 공방을 정리하고 창고 주인분께 열쇠를 돌려주었다. 다행히도 장비며 도구, 트럭 등을 좋은 값에 정리할 수 있었다. 기계를 잘 다루는 남편이 깨끗하게 사용했고 몇 년 사이에 장비값이 많이 올라 중고 기계의 수요가 컸기 때문이다. 공방을 처음 시작할 때 갖고 있던 빚은 지난 3년 동안 다 상환했다.

창업 후 3년을 넘기기 어렵다는 이야기를 많이 들었다. 업종과 서비스에 따라 각기 다른 이유가 있을 것이다. 창업자 개인의 사정도 있을 것이다. 어쨌든 우리도 3년 차에 종료를 결정했다. 정말 아쉬웠다. 시작한다는 결정을 할 때보다 그만두는 결심을 하는 게 어려웠다. 포기하는 것도 용기라고 자신을 다독였다.

사업자 등록을 한 지 3년이지만 정식으로 제품을 판매한 건 1년 남짓이었다. 그 1년이 고스란히 코로나 시대와 겹쳤다. 물론 우리가 성공하지 못한 것에 코로나의 영향이 어느 정도인가 냉정하게 따져보면 가장 큰 이유는 아니다. 코로나로 인해 경기가 침체하고 소비가 위축된 영향은 분명히 있겠지만, 집콕 시대가 되면서 가구 소비는 늘어난다는 분석도 있었다. 물론 고가의 원목 가구가 그중에 얼마나 되는지는 또 다른 이야기다.

소득 수준이 향상되면 사람들이 삶의 방식에 변화를 생각하게 되고, 인테리어 산업이 급성장한다. 국민 소득 3만 달러 시대의 한국도 다르지 않다. 가전과 가구 등 집 안을 채우는 물건에 대한 관심이 커졌다. 코로나 여파로 실내 생활이 길어진 영향도 컸다. 한편으로는 집을 구매하는 비용 부담 자체가 너무 커서 한국은 소득 수준에 비해 2차 시장인 가구 산업이 기대만큼 성장하지 않았다는 분석도 있다. 또한 고가의 원목 가구를 살 수 있는 고소득 소비자는 외국의 명품 가구나 빈티지 가구를 수집과 재테크 목적으로 구매하는 경향이 있다. 알려지지 않은 국내 디자이너의 흔하지 않은 가구보다 우리 집에만 있는 건 아니지만 그래서 누구나 알아볼 수 있는 명품 가구를 택한다.

젊은 세대는 소득이 낮거나 고가의 가구를 둘 주거 공간이 없거나 애초에 좋은 가구를 소유하겠다는 욕망이 적다. 내 몸 하나 겨우 눕힐 수 있는 5평 원룸에 고급 원목 테이블과 의자가 웬 말인가. 언제 이사를 해야 할지 모르니 이케아에서 저렴하고 가볍고 쉽게 조립하고 분해할 수 있는 가구를 사는 게 훨씬 나은 선택이다.

솔직하게 인정해야 했다. 시장 상황이 어려워도 이를 뛰어넘거나 시장의 판도를 바꾸는 이들도 있다. 그러나 우리는 잘 해내지 못했다. 양양에서 고가의 원목 가구를 주문 제작 방식으로 판매하는 사업은 성공하지 못했다. 우드샵 다움의 가구 디자인과 완성도는 뛰어나다고 생각한다. 남편은 내가 생각했던 것보다 훨씬 더 아름답고 견고한 가구를 만들었다. 하지만 우드샵 다움은 충분히 알려지지 않았다. 공격적인 마케팅을 할 수 있는 처지가 아니었다. 애초에 적게 벌어서 적게 쓸 마음으로 기대 수익을 높게 잡지는 않았다. 우드샵 다움의 매출은 공방을 운영할 수는 있지만, 가계 수익에는 크게 보탬이 되지 않았다. 그에 비해 남편이 쏟는 시간과 노력은 너무 컸다. 육체적으로도 정신적으로도 힘든 시간을 보냈다.

운영과 마케팅, 목공 조수를 맡고 있던 내가 다른 회사에 취직하면 공방 운영 방식에 변화가 불가피했다. 그래서 공방을 유지하되 사업 모델을 변경하는 방법도 생각했다. 이를 위해서는 시설비와 인건비를 재투자해야 했다. 주문 제작 방식의 1인 공방으로는 운영할 수 없어서다. 다만 새로운 사업 모델 역시 양양에서는 불확실성이 컸다.

조금 더 해보기 위해 투자를 한다면, 실패했을 때 우리가 안아야 하는 손해가 더 커진다. 여기까지구나 하고 정리를 한다면, 커다란 상실감과 아쉬움을 안게 된다. 쉽게 결정할 수 있는 문제가 아니었다. 당연히 나보다 남편에게 더 어려운 고민이었다. 나는 1~2년은 더 해보는 쪽으로 의견을 냈다. 내가 프리랜서 에디터로 일을 하고 있어 생활이 가능하고, 빚이 있는 상황도 아니니까. 하지만 그는 재투자를 해야 하는 상황에 부담을 가졌다. 결국 남편의 선택에 따르기로 했다. 잘하는 일이고 적성에 맞는 일이지만, 수익을 낼 수 없는 일이니까. 수 개월간 고민한 그는 사업 종료를 결정했다.

　20대부터 다양한 일을 해 온 그에게는 나름의 기준이 있었다. 넘어지더라도 무릎을 털고 일어설 수 있을 때까지는 괜찮지만 온몸이 땅에 닿을 정도로 넘어지는 건 안 된다는 것. 다시 시작할 수 있는 여력이 남았을 때 그만두는 것이 그의 기준이었다. 게다가 어렵게 공방을 이어간다면 양양에 온 이유를 잃을 수 있었다. 육체적으로 한계까지 몰아붙이며 일하면서 서울이 아닌 곳에서, 일이 최우선이 아닌 곳에서 살기 위해 이곳에 온 걸 잊어가고 있었다.

　시작하는 것만큼 정리하는 것도 어려웠다. 정리도 남편이 혼자 해야 했다. 공방은 텅 빈 창고에서 남편 혼자 전기 공사부터 페인트, 바닥 타일 작업, 천장 작업까지 다 하면서 만든 공간이었다. 하나하나 치우고 정리하고 팔고 버리고 나눠주면서 그는 어떤 마음이었을까. 지금도 나는 그가 혼자 울었을 시간을 그저 짐작밖에 하지 못한다. 매일 조금씩 공방을 비운 후 지친 모습으로 퇴근한 그를 안아주고 등을 두드려주는 것 외엔 할 수 있는 게 없었다.

　'웃픈' 건 공방을 정리하면서 그의 진가를 알아주는 사람을 많이 만났다는 거다. 장비와 도구를 사러 온 전국의 공방장들이 우드샵 다움의 제품을 보고 이렇게 실력이 뛰어나신 분이 왜 공방을 정리하느냐고 물었다. 중고 거래를 하는 사이에 흔한 말치레일 수도 있다. 하지만 나는 우리가 만든 가구가 정말 아름답고 흔하지 않고 튼튼한 것을 안다. 그래서 그 말들을 그냥 믿었다.

그렇게 우리는 우드샵 다움을 정리했다. 양양까지 와서 바다에 몸 한 번 적시지 못할 만큼 바빴던 지난 시간과 이별했다. 안빈낙도의 삶을 꿈꿨지만 주 6일 출근하고, 하루에 10시간 가까이 일하는 워커홀릭으로 살았다. 남편은 손이 두툼해지고 팔뚝이 굵어졌지만 이른 새치와 관절 통증을 얻었다. 말 그대로 하얗게 불태웠다.

그냥 사라지는 것은 없다

그동안 공방 일과 함께 프리랜서 에디터 일도 계속 했다. 여러 프로젝트 중 마케팅 PR 자료를 쓰는 일이 가장 큰 수입원이었다. 2013년부터 9년째 하고 있는 일이다. 다행히 계속 의뢰가 이어졌지만, 프리랜서의 특성상 언제 일이 없어질지 모르니 마음 한편에 불안감도 있었다. 올해 초 우드샵 다움의 방향을 두고 고민하면서 사업을 정리한다면 나도 양양에서 새로운 일을 시작해야 하지 않을까 싶어 양양의 현실을 좀 더 자세히 바라보기 시작했다.

지난 3년 동안은 양양에서 살면서도 대부분 공방과 집만 오갔기에 지역에 대해 아는 게 많지 않았다. 특히 양양에서 살기 시작하면서 더욱 구체적으로 느낀 지방소멸의 위기감 때문에 관련 책을 찾아 읽었다.『지방에 산다는 것』(이일균 저),『지방도시 살생부』(마강래 저) 같은 책을 읽다 보면, 까마득한 기분이 들기도 했다. 최근 강원일보 보도*에서 인용한 통계청 자료를 보면 2021년 1분기 기준 강원도 내 20대 전입 전출 인구는 각각 6,234명과 8,724명으로 2,490명이 순 유출(일정 기간 지역 내 전출 인구가 전입 인구보다 많다는 의미)됐다. 강원도 내 20대 인구의 순 유출은 2018년 1분기를 시작으로 4년째 이어지고 있다. 또한 출생아 수도 지속해서 감소하는 데다 자연감소(일정 기간 지역 내 사망자가 출생아보다 많다는 의미)도 심각했다.

당연하고 익숙한 이야기다. 하지만 그래서 아무 일도 아닌 건 아니다. 양질의 일자리가 없고 문화와 생활 인프라가 부족하고 아이가 태어나지 않고 청년은 떠나는 지역. 대한민국에서 수도권을 제외한 대부분 지역에서 겪고 있는 문제이고, 오랫동안 인프라 부족 상황이 지속된 강원도는 더욱 심각하게 진행되고 있는 문제다. 그리고 이 문제는 그곳이 내가 살고 있는, 살아가야 할 곳이라는 점에서 외면할 수 없는 문제이기도 했다.

서울과 같기를 기대하며 양양에 온 것은 아니다. 양양은 서울보다 더 큰 땅에 서울의 0.3% 정도의 인구가 사는 곳이다.

---

* 2021.05.27. 사상 최저 출생아 수 청년층은 대규모 이탈 해법 없는 인구 절벽

서울의 사회적, 문화적 인프라를 기대했다면 여기에 오지 않았다. 그렇다고 소멸을 각오하며 온 것도 아니다. 은퇴 후 귀촌도 아니고, 평균 수명까지 산다고 가정하면 살아온 날만큼 더 살아야 하는 '젊은 사람'으로 귀촌했다. 아이가 없으니 키우고 자산을 물려줄 걱정은 하지 않아도 되지만, 나와 남편이 살아 있는 동안 둘이서 먹고살 걱정은 해야 하는 형편이다. 당연하게도, 지역의 생존이 나의 생존과 밀접하게 연결될 수밖에 없는 곳에서 살아가고 있다.

서울에서 살면 모르는 것, 모를 수밖에 없는 것, 몰라도 되는 것이 있다. 지역에서의 삶은 버겁다. 서울과 마찬가지로 버겁고 또 서울과 다른 방식으로 버겁다. 특히 학생, 청년의 삶은 서울의 그들이 미래를 상상하는 방식과 범위부터 다르다. 기본적으로 비관적인 편인 나는 한국에서 산다는 것은 대체로 모두에게 버겁다고 여긴다. 하지만 그 안에서도 세대별, 지역별, 성별, 계층별로 버거움의 결은 다르다. 게다가 서울(수도권)이 제한된 자원의 집중을 받는 과정에서 지역을 착취하고 있다는 사실을 결코 간과해서는 안 된다.

강준만은 저서 『감정 동물』에서 이를 '내부 식민지(internal colony)' 개념으로 분석했다. 저자는 몇 년 전 한 취업 알선 사이트에서 자사에 등록된 기업의 신규 채용 공고를 근무 지역별로 분석했고, 전체 채용 공고의 70% 이상이 수도권 지역에 몰려있

없음을 밝혔다. 그리고 이 통계는 '내부 식민지'의 실상을 보여주다고 지적했다. 식민지가 국가들 사이에서만 존재하는 게 아니라 한 국가 내에서도 극심한 지역 불평등의 형식으로 존재한다는 의미다. 실제로 밀양 송전탑, 상주 사드 기지, 수많은 원자력 발전소와 쓰레기 매립장 등 오직 지역에만 이런 시설을 세우는 것은 착취적 사고에 기반을 두고 있다.

서울과 수도권은 지역이 신선한 채소와 고기를 지속해서 제공하는 생산기지로서 존재하길 바란다. 깨끗한 바다와 아름다운 산이 존재해 언제든지 가서 관광하고 휴식하고 돌아올 수 있는 휴양지로서 존재하길 바란다. 오래된 건물과 재래식 시장이 남아 있어 향수를 자극하는 그리움의 대상으로 존재하길 바란다. 그래서 수도권 집중이 수십 년 동안 계속됐지만, 정부만이 아니라 수도권에 거주하는 대다수 국민도 이를 해결하고자 하지 않는다. 그 사이 지역의 인구는 계속 감소하고, 지역 대학의 학생 수는 계속 줄어들고, 지역의 행정적, 문화적, 사회적 자본과 인프라는 무너지고 있다.

특히 지역의 청소년은 교육과 문화적 인프라가 부족해 배울 것과 놀 것 모두 충분하지 않다. 광역시 단위나 지역 거점 도시는 상대적으로 서울과 차이가 덜하지만 농어촌이나 군 단위 시골은 많이 부족하다. 성인이 되어 일자리를 찾을 때도 마찬가지다. 절대적인 일자리의 수는 물론이고 양질의 일자리가 턱없이 부족하다. 내가 「땐뽀걸즈」에 반해서 『쓸데없이 찬란한』을 출판한 데는 지역의 청소년에 대한 오지랖이 작동했다. 수도권이 아닌 곳에서 자라고 있는 지역의 청소년이 맞게 되는 다양한 경험의 부재, 기회의 불균형에 대한 걱정이 읍내에서 마주치는 교복 입은 학생들을 볼 때마다 불쑥 내 안에서 솟아나곤 했다.

「땐뽀걸즈」에서 보았듯이 거제와 같은 산업도시는 상대적으로 일자리에 여유가 있지만, 산업의 경기를 타고 고용의 안정성이 높지 않다. 여성 노동자의 경우 더욱 그렇다. 상업고등학교를 졸업한 여자 학생들이 할 수 있는 일 중 그나마 안정적인 일은 조선업 관련 회사에서 경리로 일하는 것이다. 이마저도 성적이 우수한 학생들에게만 열린 좁은 문이다. 일자리의 절대 숫자가 적은 양양은 더욱 그렇다. 지역 내에 대학도 없다. 스무 살이 되면 떠나거나 머물거나 결정해야 하지만 어느 쪽도 녹록지 않다.

지역의 여성 청년 중 일부는 고향에 남아 부모의 경제력에 기대거나 일찍 결혼을 하거나, 고향을 떠나 타지에서 취업을 한다. 어느 쪽이든 이어지는 문제가 있다. 경제적으로 독립하지 못해 가부장적 가정에서 지내야 하거나, 역시 남편의 경제력에 기대 가부장적 문화를 탈피하기 어려운 악순환이 이어진다. 타지에서 취업을 하면 많지 않은 월급의 상당

부분을 생활비와 주거비로 쓰고 남는 게 얼마 되지 않는다. 20대 초반에 몇 년을 타지에서 버틴다고 해도 직장도 주거도 안정적이지 않은 상황에서 미래는 불투명하다. 그래서 다시 고향으로 돌아가 결혼을 하거나 부모와 함께 사는 경우도 많다.

이러한 상황을 인식하고 바라봐야 '지방소멸'의 문제를 직시할 수 있다. 한국고용정보원의 조사결과 전국 시군구의 46%가 소멸 위험에 놓여있고, 그중 92%가 비수도권이다. 이를 언급한 KBS 뉴스 취재*에서 성경륭 초대 국가균형발전위원장은 "사람과 자원이 모여들고 이렇게 해서 점점 비대해져 가는 현상을 파멸적 집중이라고 이야기합니다. 특정 공간은 사람이 너무 많이 모여 살고 나머지는 다 사람이 떠나고 황폐화되는"이라고 지적했다.

지역에 사는 사람이 없어서 일할 사람이 없고, 지역에 일자리가 없어서 살 사람이 없다. 뫼비우스의 띠처럼 이어진 이 현실은 당연히 내게도 큰 장벽이었다. 양양에서 살기로 결심했을 때보다 양양에서 일하기로 결정했을 때 더 아득한 마음이었다. 나는 이제 나의 문제가 된 소멸을 향해가는 지역에서의 삶을 어떻게 감당할 것인가를 보다 절실하게 고민할 수밖에 없었다. 양양에서 어떻게 일하고 살아갈 것인가에 대해 잠정적으로 찾은 답은 양양군 도시재생지원센터(이하 도시재생지원센터)였다.

---

* 2021.01.06. 지방이 사라진다...전국 시군구, 30년 후 46% '소멸 위험'

인구가 아주 적고, 고령화가 빠르게 진행되는 지역에 살면서 지속 가능한 미래를 상상하기 위해서는 도시재생과 같은 실질적인 노력이 필요했다. 양양군청에서 도시재생지원센터를 새로 개소하면서 구인 공고가 떴고, 나는 2021년 3월부터 코디네이터 팀장으로 일하게 되었다.

도시재생, 내가 양양을 사랑하는 방식

양양은 언론에서 소위 말하는 '뜨는 지역'으로 조명을 받는 동시에 시골 군 지역이 갖고 있는 태생적인 한계를 안고 있다. 실제로 와서 살아보니 그 명암이 더욱 분명하게 보였다. 서핑 문화가 이식되고 있는 해변 마을(현남면 죽도, 인구 해변 인근과 현북면 하조대 인근)과 구도심이 있는 양양읍은 완전히 다르다. 서핑이나 캠핑, 해수욕을 위해 양양을 찾는 이들은 낙후된 읍내에서 놀지 않는다. 읍내에서는 4일과 9일에 영동 지방에서 가장 큰 오일장이 열리지만, 물건을 파는 사람도 사는 사람도 나이가 많다. 그나마도 외지에서 온 상인이 많다.

속초에 가까운 강현면 물치항과 후진항은 회센터나 비정기적으로 열리는 리버마켓을 찾는 관광객이 있다. 하지만 갈 곳도 먹을 것도 놀 곳도 더 많은 속초로 향한다. 양양은 설악산과 동해, 여기에 남대천까지 갖고 있다. 그러나 장래가 마냥 밝지는 않다. 대학이 없어 20대를 찾아보기 어렵고, 좋은 일자리가 많지 않은데다 자녀 교육환경도 인근 속초나 강릉의 여건이 더 낫다 보니 3, 40대 주민도 적다. 노인 인구 비중이 높고 주거 환경이나 도로 기반 시설도 많이 낡았지만, 적극적으로 개선하기에는 세수가 충분하지 않다. 민간 기업의 투자도 관광, 레저 위주로 제한적이다.

다행히 서핑의 성지로 주목받으면서 양양을 오가거나 아예 이주하는 젊은 사람이 늘어났다. 미세먼지 청정 구역이라는 점을 비롯해 자연환경이 우수하다 보니 은퇴 후 전원생활을 위해 귀촌, 귀농을 하는 사람들도 꾸준하다. 서울양양고속도로가 완전히 연결되면서 수도권에서의 이동 시간과 환경이 많이 개선되었다. 양양이 지금의 기회, 이 도약의 모멘텀을 어떻게 활용해야 '지방소멸'의 길에서 벗어날 수 있을까. 지금 양양에 살고 있는 사람들이 겪고 있는 다양한 문제를 해결하고, 나아가 앞으로 양양에서 살고 싶어하는 사람들이 더 많아지도록 하려면 어떻게 해야 할까, 고민이 이어졌다.

그래서 도시재생 관련 자료를 찾아보았다. 도시가 시간이

흐르면 쇠퇴하는 것은 당연한 일이다. 다만 그 속도와 모습에 차이가 있다. 쇠퇴하는 도시를 지역 역량 강화, 새로운 기능 도입, 창출, 지역 자원 활용을 통해 경제적, 사회적, 물리적, 환경적으로 활성화하는 것이 바로 도시재생이다.

대학원에서 문화연구를 전공하면서 지역 재생에 관심을 두게 되었다. 소멸 위기를 맞고 있는 지역을 도시재생이라는 방법론으로 어떻게 유지하고, 지속 가능하게 할 것인가에 대한 문제의식을 갖게 되었다. 고민은 이후 일에서도 이어졌다. 퍼블리에서 '사라진 영국의 산업도시', '도시 브랜딩 - 성격 있는 도시가 좋다' 등 지역의 흥망성쇠와 재생의 가능성을 다룬 콘텐츠를 기획하고 제작한 것도 이 때문이었다. 프리랜서 에디터로 '폴인'에서 '도시살롱 – 도시가 라이프스타일을 바꾼다' 프로젝트의 리포트를 편집하기도 했다.

개인적으로 공부도 이어갔다. 건축공간연구원에서 개최한 '건축도시포럼 – 한일세미나'에 참여해 민관협력 도시재생의 사례들을 배웠다. 연세대 모종린 교수가 진행한 '라이프스타일 n도시 포럼'에 참여해 로컬 경제와 창업 사례에 대해 배우기도 했다.

재건축, 재개발로 대표되는 도시정비와 비교한다면 도시재생은 '리모델링'에 가깝다. 기능을 다 한 심장을 새것으로 바꾸는 것이 재개발이라면, 도시재생은 수술 대신 보조 장치를 달거나 보조 치료를 통해 심장이 다시 제 역할을 잘할 수 있도록 하는 것이다. 수익성이 높고 그 효과가 비교적 명확한 대도시의 도시정비사업은 양양과 같은 군 단위 시골에서는 진행하기 어렵다. 민간의 적극적인 투자를 기대하기 어렵다는 의미다. 그렇다고 부족한 지자체 예산으로 도시정비를 할 수 있는 것도 아니다. 노인 인구 비중이 높다 보니 세입은 갈수록 줄고 세출은 늘어날 수밖에 없는 구조다. 도시재생 자체만 놓고 보면 그 효용에 있어 이론의 여지가 있다. 하지만 양양과 같이 구조적인 한계로 인해 쇠퇴하는 지역의 어려움을 해결하는 데는 도시재생이라는 방법론이 유효할 수 있다.

'도시재생 뉴딜사업'이 국책사업으로 추진되면서, 전국에서 도시재생에 대한 관심이 커졌다. 노후화한 인프라나 주거 시설을 정비하고 지역 상권이 활성화하는 기대효과로 인해 부동산 업계나 땅, 건물을 가진 사람들의 주목도 함께 높아졌다. 도시재생 공모사업이 활성화하면서 지역마다 행정과 주민 사이에서 중간지원조직으로서 역할을 수행하는 도시재생지원센터가 많이 생겨나고 있다. 코디네이터는 도시재생지원센터에 소속되어 도시재생 사업 공모 지원과 사업 추진부터 지역 주민에게 도시재생에 대한 교육과 홍보를 지원하는 일련의 과정에서 실무를 담당한다.

도시재생지원센터의 코디네이터 채용 공고를 보았을 당시

나는 SH와 서울시 도시재생지원센터에서 주관하는 '도시재생 지원사업 지원코디 전문가 과정'과 '도시재생 전문가 과정'을 듣던 중이었다. 처음에는 막연히 도시재생에 대해 공부할 수 있는 좋은 기회라고 생각했다. 그런데 딱 그 시점에 도시재생지원센터가 새로 개소하면서 인력을 채용한다니, 기막힌 타이밍이라고 생각했다.

지난 3년 동안 새로운 삶의 터전인 양양에서 뿌리를 내리고 살아가면서 할 수 있는 일이 무엇일까 고민했다. 평소에 도시재생에 관심을 두고 있었고, 내가 가진 문제의식과 경력이 빛을 발할 수 있는 자리라고 생각해 도시재생지원센터에 지원했다. 나는 도시재생지원센터가 내가 앞으로 살아갈 이 지역을 '지속 가능한 곳'으로 만드는 데 있어 중요한 역할을 할 것이라고 생각했다. 그래서 도시재생지원센터에서 양양의 단기적 현안부터 장기적 비전까지 아우르는 활동을 통해 '지속 가능한 양양'의 기반과 콘텐츠를 만드는 일을 하고 싶었다.

현재 서울과 수도권으로 자원과 인력이 집중되는 문제는 필연적으로 지역의 소외와 나아가 소멸 위기로 이어질 수밖에 없다. 이는 지금 이 순간에도 지역에서 소중한 삶을 이어가고 있는 사람에게는 물론이고 미래 세대에게도 결코 좋지 않은 현상이다.

특히 양양은 65세 이상 인구 비율이 30%를 넘겨 앞으로 고령화로 인한 여러 문제가 발생할 수 있다. 최근 인구가 증가세로 돌아서고, 서핑 문화의 활성화와 교통 여건 개선으로 중장년층뿐 아니라 청년층에서도 이주에 대한 관심이 높아지고 있다는 점은 다행이다. 그래서 여타 지역보다 도시재생을 통한 정주 여건 개선과 이주민 유입, 관광 산업 활성화 등 다양한 방향으로 발전 가능성이 높다.

하지만 마찬가지로 동해를 접하고 있는 인근 지역 속초나 강릉에 비교하면 양양은 여전히 불안 요소가 많다. 인구의 절대 수가 적고, 생활 기반 시설이 턱없이 부족하다. 지금 세상이 양양을 주목하지만, 서핑을 비롯한 해안 휴양 문화는 인근 지역에서도 중점 사업으로 키우는 아이템이다. 대체할 수 없는 양양만의 것이 아니기에 이를 유지하고 확장하는 데는 더 치열한 고민과 체계적인 기획이 필요하다. 나는 새로운 모멘텀을 '워케이션(Work + Vacation)'에서 찾고자 했다.

코로나 시대를 지나오면서 우리 사회는 급속도로 변화하고 있다. 가장 주목할 점은 비대면의 활성화다. 재택근무와 온라인 교육 등이 활성화하면서 앞으로 원격 근무와 유연 근무 등 새로운 업무 환경이 더욱 보편화할 수 있다. 그래서 앞으로 양양의 지속 가능성을 위한 장기적 비전으로 '워케이션의 성지'를 선점하는 것이 필요하다고 생각한다. 워케이션은 예를 들어 금요일에 원격 근무를 하는 경우 휴양지의 공유 오피스나 카페에서 업무를 보고 퇴근 후 주말 내내 그 지역에서 휴가를 보내는 것이다. 이미 원격 근무 시스템이 도입된 서구권에서는 집이 아닌 휴가지에서 긴장을 풀고 일하는 것이 생산성이 높다는 사실에 주목해 워케이션을 장려하고 있다.

또한 정규직 일자리가 부족한 상황에서 앞으로 하나의 회사에 소속되지 않고 여러 프로젝트를 수행하며 프리랜서로 일하는 '인디펜던트 워커'가 늘어날 수밖에 없다. 이들은 여의도나 강남의 빌딩으로 출근하지 않아도 인터넷 연결만 가능하면 일할 수 있다. 인도네시아 발리나 치앙마이 등 아시아 유명 관광지역의 경우에도 기존 관광 자원에만 의존하지 않고, 개발자 등 원격 근무가 보편화한 직업을 가진 이들을 위한 워케이션 친화 도시로 성장하고 있다.

이미 국내에서도 제주도가 유연 근무가 익숙한 젊은 근로자를 중심으로 워케이션 실험지로 선호되고 있다. 강릉에서도 이러한 변화에 주목한 민간 기업이 속속 등장하고 있다. 강릉에서 공유 오피스 사업을 하는 파도살롱의 경우, 2020년에 서울·경기 지역에서 찾아오는 20~30대 직장인이 두 배 이상 늘었다고 한다. '코워킹 스페이스'가 스타트업 문화가 확산하고 있는 서울에서만 유효한 것은 아니라는 의미다.

양양은 서핑 문화를 중심으로 청년층에서 인지도가 계속 상승하고 있어 업무와 휴양이 모두 가능한 지역으로 인지된다면, 청년층의 유입과 그로 인한 경제 효과 발생이라는 긍정적인 결과로 이어질 수 있다. 양양에도 파도살롱과 같은 코워킹 스페이스가 있으면 좋지 않을까 생각했다. 이를 숙박 시설과 연계하면 지역 내 숙박업계와 상생할 수 있고, 인근 관광지로의 방문을 유도해 역시 지역 내 카페, 베이커리 등 서비스업계와도 동반 성장할 수 있다.

최근 심각해지고 있는 미세먼지와 코로나19 팬데믹 상황은 역설적으로 안전 도시, 위생 도시로서 양양의 존재감을 보여주는 데 긍정적인 역할을 할 수 있다. 앞으로 코로나19가 해결되더라도 이미 기후 위기 시대가 시작되었다는 점에서 천혜의 자연에 둘러싸인 양양은 대안적인 삶의 공간으로서 충분한 잠재력이 있다. 이를 도시재생의 방향성으로 삼는다면 수도권 인구 유입에 일정 부분 역할을 할 수 있지 않을까. 전기차 충전소 등 기반 시설을 확충하고 전기차 렌터카 보급 확산을 통해 친환경 도시로 전환을 강화하면, 친환경을 중요한 판단 가치로 삼는 밀레니얼 세대의 방문을 유도해 관광지로서 역량을 높일 수 있다.

양양군 도시재생지원센터 사무실은 전통시장 공영주차장 2층에 있다. 오일장이 아닌 날이면 빈자리가 많은 주차장에 얼마 전부터 못 보던 새 차들이 빼곡했다. 공유차 업체 쏘카의 차량이었다. 관광 성수기가 시작되면서 버스 터미널에서 멀지 않은 공영주차장이 쏘카 거점 장소가 된 것이다. 그 덕인지 최근 읍내에 젊은 관광객 모습이 자주 보인다. 자차가 있는 이들이 바로 바닷가 지역으로 이동하는 것과 달리 버스를 타고 오는 젊은 관광객은 읍내를 거쳐 갈 수 있다. 쏘카라는 익숙하게 이용할 수 있는 편리한 이동수단이 있으니 이들이 양양을 좀 더 다양하게 경험할 수 있지 않을까. 최근 읍내 큰길의 카페나 맛집이 SNS를 통해 알려진 것도 반가운 소식이다. 내가 좋아하는 빵집인 '봉희당'이나 '오빵쇼'처럼 서울 못지않은 맛을 자랑하는 빵집을 일부러 찾아오는 이들이 있다. '송이닭강정'을 손에 든 젊은 관광객을 읍내에서 자주 마주친다. 참고로 '송이닭강정'은 순살 매운맛이 정말 맛있다.

좋은 아침이에요!

 도시재생지원센터에서 일을 시작하고 나서 처음 생각했던 것과 다른 현실도 경험하고 있다. 도시재생 사업은 세금이 투입되는 국책사업인 만큼 까다로운 공모 절차를 거쳐야 한다. 도시재생에 대한 지역 주민의 지식이나 인식이 천차만별인 만큼 그 지역의 특성에 맞는 방식으로 계획하고 운영하기 위해서는 세심한 고민이 필요하다.

 현재 양양의 도시재생 사업은 걸음마 단계다. 2020년에 도시재생 예비사업에 선정된 'Level Up! 남문리 마을계획단'의 사업을 마무리하는 것이 도시재생지원센터의 첫 임무였다. 다양한 주민 주도 프로그램을 진행하면서 많은 양양 주민들을 만났다. 솔직히 처음엔 두려웠다. 양양은 내 고향도 아니고, 이주 3년 차에 접어들었지만 아는 사람이 별로 없다. 공방과 집을 오가며 일만 한데다 코로나 상황까지 겹쳐, 읍내에서는 외식 한 번 제대로 한 적이 없었다.

주민들에게 나는 낯선 사람이고 내게도 주민들은 낯선 사람이니, 어떻게 관계를 맺어야 할지 고민이 많았다. 지금도 잘 모르겠다. 잘하고 있는 것인지, 무엇을 어떻게 개선해야 하는지. 그런데 얼마 전에 주민들과 함께 프로그램을 진행하면서 '아, 기분 좋다'는 생각을 했다. 하나는 주민들에게 요즘 인기인 앙금 케이크 만들기를 알려주는 프로그램이었다. 하루에 몇 시간 수업으로 완전히 배울 수 있는 게 아니다 보니 강사님의 걱정도 컸고, 코로나 걱정으로 인해 주민들의 적극적인 참여도 기대하기 어려웠다.

그런데 막상 수업에 참여한 주민들 표정이 기대보다 훨씬 더 즐거워 보였다. 가사와 자영업으로 음식 만드는 게 워낙 익숙한 분들이셔서, 첫 수업에서 잘하기 어렵다는 앙금 꽃 만들기를 곧잘 해내셨다. 코로나로 인해 주민 간 친목 모임도 줄어들어 아쉬웠던 터라, 오랜만에 모여 앉아 함께하는 수업 자체를 즐겨주셨다. 중장년층 여성 주민들과 함께하는 프로그램은 엄마 생각이 나서 더 마음이 쓰였다. 먹고살기 바빠서, 자식 키우기 바빠서, 집안 살림하기 바빠서 제대로 배우지도 즐기지도 못하고 살아온 날들 속에 재미있는 수업 하나가 잠시 쉼표를 찍어주고 숨통을 틔워주는 시간이기를 바랐다.

양양고등학교 학생들과 함께한 프로그램도 즐거운 시간이었다. '마을 역사 지도 만들기' 프로그램은 토요일 오전부터 오후까지 6시간 동안 진행하는 강도 높은 일정인데다 아침부터 비가 내려 걱정이 많았다. 다행히 학생들이 적극적으로 참여해주었다. 직접 양양 지역의 역사적 장소들을 둘러보고 손으로 그림을 그리고 글을 쓴 지도를 만들었다. 지역 청년에 관심을 갖고 있다 보니 양양고등학교 학생들을 가까이에서 만나 대화할 수 있는 기회가 반가웠다.

또 다른 양양고등학교 학생들과 함께 '커뮤니티 매핑' 프로그램도 진행했다. 5주 동안 금요일 방과 후에 수업을 하다 보니 처음에는 학생들이 다들 지루한 표정이었다. 하지만 시간이 갈수록 적극적으로 변했다. 함께 읍내를 걸으며 보행과 안전에 문제가 되는 요소들을 찾는 시간에는 귀촌을 했다고 알리자 지금 내게 가장 필요한 맛집 정보를 살뜰하게 공유해주었다. 여러분에게도 공유하자면, 읍내에서 돈가스는 '피노키오', 햄버거는 '쑤와리질러', 짬뽕은 '풍미'가 진리라고 한다.

학생들과 함께 프로그램을 진행하면서 앞으로도 도시재생 사업을 통해 이들과 같이할 수 있는 게 더 많으면 좋겠다는 마음이 들었다. 지역 불균형과 지방소멸을 막기 위한 방법론으로 청년 유입이 많이 거론된다. 하지만 청년 유입을 활성화하는 것 못지않게 중요한 것이 청년 유출을 막는 것이다. 양양에서 나고 자란 아이들이 이곳에서는 하고 싶은 일도, 할 수 있는 일도 없어서 떠나는 것을 막아야 한다.

말은 제주로 보내고 사람은 서울로 보내라는 유명한 옛말처럼 우리는 서울에 가서 출세하는 것이 곧 성공이라고 믿고 가르쳐왔다. 그러다 보니 청소년 시절을 보내고 나서 서울이나 인근 대도시로 가지 않고 지역에 남아 있는 청년에게 패배자라는 인식까지 덧씌워지기도 한다.

서울에서 양양으로 와서 서핑 문화를 이식한 사람들이 있어 양양이 서핑의 성지로 주목받았다. 이제는 어려서부터 양양의 바다에서 파도를 타고 해변 문화를 익힌 아이들이 여기서 청년이 되어 서핑 관련 일을 하고, 창업을 해서 그 문화를 이어나갈 수 있도록 해야 하지 않을까.

2021년에 도시재생지역센터 팀장으로 일을 시작해 2022년에 사무국장이 되었다. 도시재생지역센터 직원은 기간제 근로자이다. 나의 첫 계약직 커리어다. 중앙, 지방 정부의 도시재생 사업 공모에 선정되어야 사업을 진행할 수 있다 보니 도시재생지원센터의 존속 자체도 여기에 달려 있다. 급여 수준도 당연히 높지 않다. 공무원이 아니니 안정적이지도 않고 급여를 많이 받는 것도 아니지만, 내가 아무런 연고도 없이 그냥 와서 살기 시작한 이곳, 양양에서 살아가는 이유를 찾기 위한 선택이었다. 아직 양양을 잘 모르지만, 지금은 이곳에서 사는 게 좋으니 앞으로도 살아가기 위해서 지역의 생존기간을 늘리고 싶은 마음에서 시작한 일이다.

얼마 전 점심시간에 동료 코디네이터와 함께 '대광토종순대'로 순댓국을 먹으러 갔다. 양양에서 맛집으로 유명한 곳이고 내 입맛에도 맞아 좋아하는 곳이다. 손님이 많아 자주 가지 못하지만, 그날은 비도 내리고 조금 늦게 식사를 하러 가서 그곳으로 향했다. 언제나처럼 테이블에 앉아 음식을 기다리다 부엌을 바라보았다. 분주하게 음식을 만들고 계신 분의 낯이 익었다. 최근 주민 주도 프로그램에 참여해주신 주민이셨다. '아, 여기 사장님이구나!' 지금까지 여러 번 왔던 식당이었지만 처음으로 사장님을 알아본 것이다. 이제 그곳은 양양에서 순댓국이 가장 맛있는 집이기만 한 게 아니라, 내가 얼굴을 알고 대화를 해본, 아는 사람이 사장님인 식당이다.

그리고 남문3리 이장님은 지난 1년간 엄마보다 더 자주 카톡을 주고받은 분이다. 도시재생사업은 주민을 빼놓고 생각할 수 없다. 주민이 직접 마을의 어려움을 고민하고 자산을 발굴해서 프로그램을 기획하고 참여해야 한다. 하지만 쉬운 일이 아니다. 양양은 나이가 많은 주민이 많고, 장사를 하는 주민이 많다.

모여서 머리를 맞댈 수 있는 시간 자체를 내기 쉽지 않다. 코로나 상황으로 인해 더욱 어렵다. 그래서 남문3리 이장님이 아니었다면 이번 예비사업을 제대로 진행할 수 없었을 게 분명하다. 대장부처럼 씩씩하고 호탕하시다. 낯을 가리고 살갑게 표현하지 못하는 나로서는 이장님과 대화를 하는 게 처음에는 솔직히 겁도 났다. 하지만 지금은 이장님 전화가 반갑다. 전화를 받으면 "좋은 아침이에요!"라고 인사를 건네는 그 목소리가 고맙다.

처음 양양에 왔을 때 아는 사람이 없었다. 불과 몇 달 전까지도 길에서 마주치면 인사할 사람이 없었다. 좋아하는 카페와 빵집이 있지만 주인들과 통성명은커녕 인사도 제대로 해본 적이 없었다. 나와 남편만이 서로의 가족이고 친구였다. 그런데 이제 이곳에 동료와 아는 사람이 생겼다. 좋기도 하고 어색하기도 하다. 아무렇게나 입고 거리낌 없이 읍내를 다니던 시절로 돌아갈 수 없게 되었다.

길에서 아는 주민을 만나도 얼른 알아차리지 못해 인사를 놓칠까 봐 걱정도 된다. 닭강정을 사서 신나는 마음에 손을 이리저리 흔들며 걸어가다 읍내에서 군청 도시계획과 과장님을 뵙고 놀란 적도 있다. 급한 마음에 무단횡단을 하다가 양양고등학교 학생들과 마주칠까 봐 신경이 쓰인다. 이렇게 양양은 나의 '마을'이 되어가고 있다.

에필로그

나는 조용히 사고를 치는 편이었다. 학창시절에 딱히 부모님이나 선생님에게 반항을 하지는 않았다. 다만 고집이 셌다. 아니라고 생각하면 끝까지 버텼다. 고등학생 때부터 조금 달라졌다. 여전히 반항을 하는 건 아니지만, 예전처럼 온순하게 순응하지도 않았다. 고2 때는 친구와 함께 자퇴를 하고 검정고시를 볼까 생각했다. 당시에는 진지했지만 지금 생각해보면 그저 귀엽고 하찮은 반항 심리였다.

대학생 때 교수님들이 "우리나라를 이끌어 갈 엘리트가 될 여러분"이라고 말을 시작하면 얼굴이 저절로 굳었다. 엘리트라는 표현이 정말 싫었다. 수능 점수 몇 점 차이로 갈린 대학 이름값이 이후의 인생을 결정짓는 유일한 기준이라는 믿음이 이상했다. 게다가 이름값에 기대했던 것만큼 양질의 교육을 받지 못했다. 과외를 여러 개 하면서 학교에 다니는 게 힘들어서 그만두고 싶을 때도 많았다. 하지만 당시 엄마는 공장에서 일하면서 가계를 책임지고 있었다. 어쩔 수 없이 나는 엄마의 자랑이었고, 그가 고된 현실을 버티는 이유 중 하나였다. 학교를 그만두겠다는 말을 할 수 없었다.

대학 졸업 후 당시 일종의 스타트업이었던 대중문화 웹진에서 사회생활을 시작했다. 자주 밤을 새우며 일했지만 버는 돈은 대학 친구들 연봉의 2/3도 채 되지 않았다. 하지만 재미있고 보람 있었다. 다만 이걸 부모님께도 이해시킬 방법은 없었다. 공부 잘하는 모범생 자식에게 기대를 품었을 부모님을 때로는 적극적으로, 때로는 소극적으로 배신하고 실망감을 안겼다. 딱히 세상에, 부모님께 불만이 있었던 것도 아니었다. 그냥 세상에서 말하는 성공의 지름길이 나랑 잘 맞지 않았을 뿐이다.

내가 예상 경로를 벗어나는 선택을 할 때 부모님은 나를 힐난하거나 주저앉히는 쉬운 대응을 택하지 않았다. 그게 참 다행이었다. 일찍 부모 곁을 떠나 독립적으로 살아가는 딸을 믿고 지지해 주셨다. 양양에 집을 샀고 서울을 떠난다고 했을 때도 속으로 어떤 마음이셨는지 몰라도 엄마는 "네가 알아서 잘하겠지"라고 말해주셨다. 엄마의 그 믿음이 지금까지 나를 지탱했다. 그래서 여기저기 갈지자로 휘청이며 살아왔지만, 그 길 위에서 내가 나로서 살 수 있었다. 내가 선택한 가족인 남편도 마찬가지다. 부지런하고 꼼꼼한 성격이라 늘 잔소리를 하지만, 그 누구보다 나의 고민에 귀 기울이고 좋은 결정을 할 수 있도록 함께 고민하고 조언해준다. 내가 남들보다 조금 더 용감했던 순간이 많았다면, 온전히 이들 덕분이다.

여행 중에 집을 샀던 그 당시에는 정말 몰랐지만, 지나고 나서 보니 용감했다. 그리고 그 용기는 내가 지금까지 나의 삶을 살아온 방식이었다. 남들이 뭐라고 하든 내가 직접 해보고, 가 보고, 겪어 봐야 이해를 하는 성격이라서 일단 저지르는 용기가 발달했다. 그래서 지금 여기에 있다. 양양에서의 삶을 시작한 지 아직 오랜 시간이 지나지 않았다. 나도 이곳에서의 삶이 어떻게 흘러갈지 모르겠다. 돌이켜보면 늘 어느 것도 예측하거나 준비하지 않았지만 주어진 상황 앞에서 한 번 해볼까 하는 생각으로 뛰어들었다. 그리고 그 시간 속에서 많이 즐거웠다. 선형적으로 효율적으로 성공하지는 않았지만, 좌충우돌하면서 성장했다고 믿는다. 앞으로 이곳에서의 삶도 그러하기를 바란다.

서울이 아니라면 나는 무엇을 할 수 있을까
© 김희주, 2022

발행일	2022년 3월 14일 초판 1쇄
	2022년 11월 7일 초판 2쇄
지은이	김희주
펴낸이	김남규
펴낸곳	일토
등록	제2019-000011호(2014년 7월 8일)
전화	02)577-2846
팩스	02)6280-2845
전자우편	rabbitroad0308@gmail.com

ISBN	979-11-956119-4-2
	값 16,000원

이 책은 저작권법에 의해 보호받는
저작물이므로 무단전재와 복제를 금합니다.

이 책 내용을 이용하려면 사전에 저작권자와
일토의 서면 동의를 받아야 합니다.

인쇄, 제작 및 유통 과정에서의 파본 도서는
구입처에서 교환해드립니다.